好きなことを好きな時に好きな場所で好きなだけ♡

”私“を発信したら人生変わった

Yoshimi Miyamoto
宮本佳実

廣済堂出版

高校生や20代の頃、いつも思ってた。
なんて、せちがらい世の中なんだろう。
もっと可愛く、
もっとお金持ちの家に、
もっと都会に、
もっと頭がよく生まれていたら……

もっと素敵な人生だったのに……

そんなふうにいつも自分の人生を憂いていた。

でも、身の回りのもの、一緒にいる人、働き方、考え方……

一つずつ、自分の〝好き〟で選んでいったら、
どんどん人生が変わっていって。

〝普通以下〟だと思っていた私の人生が
〝最高の人生〟になって、
生まれ変わっても、もう一度〝私〟でいたい。

そう、思えるようになった。

一度きりの人生、
どうせなら、もう一度〝私〟に
生まれ変わりたいと思える人生を生きよう。

キャリアウーマンにならなくても、年収1000万円稼げちゃう♡

家の前は、畑と用水路だった私

私は、高校を卒業後ちゃんと就職もせず、自分でアパレルメーカーを探してショップ店員になりました。

あの頃は、まさか自分が将来、会社を経営して本を出して、何百人の前で講演をするなんて、想像もしていませんでした。

普通に結婚するまでどこかで働いて、その後は子育てしてパートして……と思っていました。

それが20歳頃でしょうか。アメリカのドラマ『**セックス・アンド・ザ・シティ（ＳＡＴＣ）**』に出会い、一気にとりこになりました。ニューヨークの４人の独身女性の生活が描かれた大人気テレビシリーズです。

ＤＶＤをＴＳＵＴＡＹＡで借りてきて、食い入るように毎日見ていました。人生であんなにはまったドラマは、後にも先にもこれだけです。

その後、関連本や雑誌はもちろん、レンタルしていたＤＶＤもボックスで購入し、何年も繰り返し見ました。公開された映画は２回ずつ映画館に足を運び、もちろん、そのＤＶＤも全部そろえました。

何が私の心をつかんだかと言えば、主要キャラたちの生き方、そして働き方。中でも主人公のキャリーに心底あこがれました。

彼女はライターなのですが、毎日、**おしゃれな服を着て、カフェで友人たちとブランチをしながらおしゃべりを楽しみ、その後は街へ繰り出しショッピング。**

そして、帰ったら自宅の窓際のデスクで、新聞のコラムを執筆。パソコンは、もちろんリンゴマークのアップルで。

「こんな生活が、こんな働き方が、私もしたい‼」

切に切に思いました。でも、東京なら可能かもしれないけれど、私が住んでいるのは、名古屋（から電車で1時間ほどかかるベッドタウン・笑）。家からふらっと出たら、前は畑と用水路。おしゃれなカフェなんて、夢のまた夢でした。

そんなキャリーとの境遇の差に愕然《がくぜん》としながらも、私の思いは募り続けます。

「こんなふうにコラムを書いて、それで生計を立てて、おしゃれな生活をするなんて……なんて素敵なの！」

と、あこがれはふくらむばかり。

その頃は普通の実家暮らしの会社員で、自分用のパソコンなんて持っていませんでした。けれど、キャリーのまねっこをして、ノートにコラムじみたことを綴《つづ》ったり（最初の一歩って、みんなそういうものですよね）。

私のあこがれは、あの頃もそして今も、キャリーなのです。

キャリーにあこがれた理由

簡単にまとめると、キャリーはこんな人です。

- **毎日おしゃれな服を着る**
- **平日に仲良しの友人とブランチへ行く**
- **仕事はパソコンを抱えておしゃれなカフェへ**
- **自宅に素敵なデスクがある**

4人の主要キャラの中で、なぜ彼女なのか。

他にキャリアウーマンの弁護士・ミランダや、ＰＲ会社社長のサマンサなどもいて、そちらにあこがれるのもできたはず。

でも、私が猛烈にあこがれたのは、キャリーが**〝ザ・キャリアウーマン〟ではないのに、ニューヨークでおしゃれな一人暮らしができるほど豊か**なところでした。

好きな時に仕事をし、好きな時にショッピングに出かけて、自由にしている。そんな働き方で、そんな生活ができる経済力があるのです。

たとえば「年収１０００万円」などあこがれの稼ぎを得たり、ほしいものを好きなだけ買うには、「キャリアウーマンになるしかない！　でも私はなれない」と、それまではあきらめていましたが、キャリーを見て、「これだ！　この働き方だ!!」と思えたのです。

冷静に考えれば、ドラマの中だからこその設定だし、実際にできるかなんてわからない。
でも、私にとってのロールモデルは、その時「キャリー」しかなかったのです。
「いつか、いつか……キャリーのような働き方・生き方がしたい」
と恋い焦がれていた毎日。
あれから15年以上が経ち、今まさに、あこがれていたとおりの働き方・生き方ができています。

好きな時に起きて、好きな場所で仕事をし、好きな人と会い、好きな時に旅行へ行き、好きな仕事を好きなだけする。

そんな夢だと思っていた生活を、キャリアウーマンにならずに、それこそ「キャリーのような働き方」でかなえたのです。

「好きな時に好きなだけ」な生活はこうして作る！

では、どうやってそれをかなえたのでしょう？

この本では、私がこれまでどう考え、どんなことを行ってきたのかを、わかりやすく「ステップ」で表しながら、「人間関係」「働き方」「旅行」「働く場所」「SNS」「お金」など、テーマごとにご紹介していきます。私も実際に書いてきたワークもちりばめました。

みなさんに「こんなふうに進んでいく方法もあるんだなあ」と参考にしていただければ嬉しいです。

さらに、ご自身のこれからのステップを考えて書き込める、「4ステップ」のワークページも5章で紹介します。

このワークは、理想をかなえる魔法の4ステップでできています。これを真似て、ご自分のノートに書いていただいてもかまいません。

私も、この4ステップワークを行って、これまでたくさんの理想をかなえてきました。

本書を読むことで、まずワンステップ踏み出したくなるでしょう。

その**ステップが、あなたを理想の未来へと連れていってくれます。**

キャリーを見て「それいい！　私にもできるかも!?」と、私自身が思ったように、私のワークライフスタイルの何かが、みなさんの「それいい！　私にもできるかも♡」になれたら、こんなに嬉しいことはありません。

誰にでも、自分だけの「ワークライフスタイル」が作れます。

ぜひ一緒に、世界でたった一つの「〝私〟だけのワークライフスタイル」を作っていきましょう。

宮本佳実

好きなことを

仕事仲間とミーティング。
私の好きなことは、「書くこと」「ビジネス」です。今はその2つをうまく融合させてお仕事をしています。

好きな時に

自宅の書斎でブログを
書いているところ。

好きな場所で

ハワイのホテルのバルコニーで。
ハワイとニューヨークが好きで、現在は年に数回ずつ訪れています。25歳くらいまでは海外に一度も行ったことはなかったのですが……。

好きなだけ

（上）ニューヨークで。気が向いたらカフェで好きなだけ仕事。
（左）東京ではホテルステイ。時にはバルコニーでデスクワークしたりも。

目次

2章　好きな時に

3章　好きな場所で

4章　好きなだけ♡

5章 4ステップのワークページで「理想をかなえる♡」

1章

好きなことを

私は大好きなことを仕事にしています。

でも、これは何も私が特別なわけじゃありません。

大好きなことを見つけて、

自分に正直になるだけでいいんです。

「自分」を発信したら人生が変わった

私は本当に、どこにでもいる普通のＯＬでした。

毎日満員電車にゆられ会社に行き、定時まで働く中で**「私の人生、こんなもんじゃない」**と、なぜかふつふつと思っていました。

「自分にしかできないことをしたい」

「もっと、素敵に働きたい」

「キャリーのような自由な生き方をしたい」

など妄想にふけるものの、何からはじめていいのかわからない。

「未来を変えたい」
けれど、じゃあ、今どう動いたら？

そこから、結婚式の司会者になり、その後、正社員で勤めていた会社を寿退社。司会者と司会事務所の事務を兼務します。が、ずっと思いふけっていた「特別な仕事がしたい」――そんな願いが捨てきれません。

そこで当時、一番興味があって大好きな「洋服」を仕事にしようと決意して、発信します。それが後ほど説明する、「パーソナルスタイリスト」です。
こうして、私の起業ライフがはじまりました。
と言っても、事業計画書も大きな開業資金もなく、人脈もキャリアもまったくありませんでした。

高卒ＯＬだった私が、こうやってたくさんの方に起業の仕方、夢のかなえ方をお伝えしているなんて、誰が想像できたでしょうか。

そう、**誰も想像できない未来を私たちは作れる**のです。


「こうなりたいな」

「こんなふうになったら最高かも！　ワクワクする♡」

というご自分の気持ちを見逃さないでください。

あなたは、なんだってかなえられます。


さあ、本当の私が望む働き方をはじめましょう。

すべては外見コンプレックスからはじまった

私は「起業しよう！」と、一念発起したわけでもなく、最初は「好きなことを仕事にできたらな～」くらいの気持ちでした。

もちろん、お金持ちにあこがれていたし、年収1000万円になれたら最高だとは思っていました。が、当面の目標は**「好きなことで、会社員時代くらいの収入を得ること」**！

毎朝、早起きしなくていいし、満員電車にゆられる必要もない。

働く時間も場所も自分で選べる。

それで、会社員時代と同じ収入を得られたら、それって最高♡と、考えました。

私は昔から自分の外見にコンプレックスがあって、少しでも可愛く見せたくて、ファッションへの執着がすごかったのです。

だから人一倍ファッション雑誌を読みふけり、アパレルショップで働くなど、外見にお金もかけていました。

ＯＬ時代も、会社の人の服装を見ては「ここをもっとこうしたらいいのにな」なんて、勝手に考えたり。

そんな私にとって、会社帰りのショッピングは最高のご褒美時間でした。その時間が仕事になるなんて……こんな嬉しいことはないですよね。

そこで、お客様と実際にデパートなどにお買い物に出かけて（同行ショッピング）、洋服を選んで差し上げる「パーソナルスタイリスト」のサービスをはじめたのです。

最初は副業でしたが、軌道に乗ったので、起業1年半で司会事務所を辞めました。

自分の「好き」はみんなの「好き」ではない

実際に「同行ショッピング」をしてわかったこと。私にとって楽しいショッピングも、人によっては「こんなたくさんの商品の中から自分に似合うものを選ぶなんて、苦痛でしかない!!」と思う方もたくさんいらっしゃるのです。

そう、自分の「好き」は、みんなの「好き」ではありませんでした。

それからは、自分の「好き」をもっと意識するようになりました。

自分が「好き」なことだと、夢中になってより多くの時間に集中できるし、「努力しなきゃ!!」って身構えなくても、勝手に考えてるし、やってしまっている。

しょせん私の好きなんて……と思ってしまいますが、**たかが「好き」、されど「好**

き」なんです！

私がこの仕事をはじめて、**「好き」にフォーカス**するようになると、いろんな発見がありました。

最初は「ファッション」が好きで、その仕事をはじめましたが、集客のためにブログを開設したら、**自分は文章を書くのが好きだと気づきました。**思い出してみると、昔から読書感想文などが得意だったのです。

新たな「好き」の発見もありました。ビジネスをはじめたので、**マーケティングやビジネスの仕組みなど勉強しましたが、それがものすごく楽しい。**

その楽しさは私にとって「ファッション」をしのぐほどでした。

「ファッション」よりも夢中になれることなんて、この世の中にはないと思っていたのに、この「ファッション」でビジネスをはじめたら、新たな「好き」が浮かび上がってきた。

この「ビジネスが好き」にも、ちゃんとフォーカスし、その後はその大好きなビジネスのことを存分に考え、伝えられたらいいなと「起業コンサルタント」としての活動をはじめました。

自分の「好き」がわからない人へ

「自分の〝好き〟が全然わからないんです」

「〝好き〟と言われても、ピンと来ません」

という声をすごくいただきます。


日々のルーティーンで、自分の〝好き〟を意識する機会がないと、急に「あなたの好きなことは？」と聞かれても「なんだろう？」となりますよね。

そんな方はどうしたらいいのでしょう？

ステップ① 幼少期の〝好き〟を思い出してみる

先述のように、ブログを書くようになって「そういえば、小さい頃から作文を書くのが好きで、表彰されたりしていたな」と思い出しました。

社会人になってからは「文章を書く」をしていなかったので、当時の自分の「好きなこと」リストには入っていませんでした。が、ブログを書くようになって「ライターのキャリーにあこがれていたし、私、文章を書くのが好きだ！」と気づけたのです。

幼少期や学生時代に好きだったことが、今の好きにつながっていることはよくあります。

ぜひ思い返してノートやワーク（35ページ）に書いてみてください。

ステップ② 小さな〝好き〟を味わう

「好きなことを仕事に」なんて言われると、その〝好き〟は高尚なものでなくてはいけないと思いがちですが、〝好き〟とは自分の身近にあるもの。それこそが、自分の財産であり、今後仕事にもなっていく〝原石〟だったりするのです。

私もまさか、カード返済が苦しくなるほど服を買ってしまう「買い物好き」が仕事になるなんて、夢にも思っていませんでした。

ですから、テレビを見るのが好き、マンガを読むのが好き、お茶が好き、空を見るのが好き、お風呂が好き……など、自分の日常の中の「心地いいな」「楽しいな」「心がウキッとするな」ということを一つひとつ、じっくり味わってみてください。

そうすると、「あ、これ、私の好きなことかも」と〝好き〟の感覚がよみがえってきます。

ステップ③ 〝嫌い〟なことを考える

「〝好き〟はわからないけれど、〝イヤなこと〟〝嫌いなこと〟はわかる！」という方は少なくありません。

そういう方は「私には嫌いなことばかりだ」と落ち込むのではなく、〝嫌い〟の反対は〝好き〟だと考えてください。

〝イヤなこと〟〝嫌いなこと〟が思い浮かんだら、その反対を考えて「これが自

「好きなこと」ワーク

好きなことをたくさん書き出してください。「紅茶が好き」など日常の好きでOKです。

1　あなたの好きなこと、得意なことなどを書き出してみましょう

2　1ができなかったら、幼少期の好きを思い出したり、嫌いなことの反対を思い浮かべてみましょう

分の好きかな？」とイメージしてみましょう。
「こうだったら嬉しいかも」「これがあったら、ワクワクするな」なんて、心が反応したら、それが〝好き〟のサインです。

〝好き〟は難しいものではありません。あなたの目の前にあるものです。

なぜ、そのスマホカバーを選んだのですか？
なぜ、その人と一緒にいるのですか？
なぜ、そのテレビ番組を見ているのですか？
なぜ、その服を着ているのですか？
こう考えてみると、あなたの周りには、あなたの〝好き〟がたくさんあるはずです。

自分に「私はどうなりたいの？」と聞く

他にも、

「やりたいことがわかりません」

という方に、私はよくこう聞きます。

「あなたは、どうなりたいですか？」

すると、「人に影響を与えたいです」とか、（自分で書くのは大変恐縮ですが）

「よしみさんのように、多くの人の前で話したいです」と言われたりします。

そう、それがあなたの本当にやりたいこと!!

でも、今すぐにはできないから、「やりたいこと……ない」となってしまっているのです。

私も、以前「いつか本が出したい」と、夢のまた夢の理想をいつも掲げていましたが、時には鼻で笑われたり、「甘いよ」とお叱りを受けたりもしました。「やっぱり無理なのかな」と、何度も落ち込みましたが、その度に、**自分だけは、自分を信じてあげよう。「自分はそうしたい」「そういう存在になりたいんだ」と、自分を許してあげました。**


自分に厳しすぎて、「そんなこと考えるのはおこがましい！」「私ごときが、そんな存在になりたいなんて」と、自分の本当の理想を許してあげていないと、

「やりたいことができていない」

「私は何がやりたいのかわからない」

と、人生にモンモンしてしまうのです。

「なれるなれる！」と口に出す

それでも、何をしたらいいのか、わからない。

そんな時は、「本当はどんな存在でいたい？」「本当はどんな現実を生きていたい？」と自分に問い直します。

そしてその答えが出てきたら、それを「なれるなれる！」「できるできる！」と口に出して自分自身で応援し、認めてあげるようにしてください。

決して否定しないで。**自分自身が、自分の一番の味方でいるのが、大きな理想をかなえていくコツ**です。

ここで注意したい点が一つ。

「こういう存在でいたい」と理想を掲げて、それを「かなえられる」と自分で認めたとします。でも、現状そういう状態ではない。

すると、その結果が出せていない自分に、嫌気がさしたりしますよね。

そんな気持ちになるのは誰にでもありますが（私もありました）、**大事なのは、「今、ここ」を満たすこと。**

ですから、「今、自分がやれること」を自分に全部やらせてあげましょう。

まずは、「今、自分に〝ある〟もの」を書き出す（次ページのワークやノートに）。

つい「ないもの」ばかりが目について「足りない！」となりがちですが、たとえば「話を聞いてくれる友人がいる」「美味しいご飯が食べられる」など、〝ある〟ものにフォーカスしてみてください。

つまり、**「すでに満たされているもの」を探す**のです。

次に、食べたいケーキを食べたり、美容パックをするなど、今できる範囲で自分をどんどん〝おもてなし〟します。

すると「今、ここ」を満たすことができ、落ち込まずに済みます。

「落ち込まない」ためのワーク

気持ちがつらくなった時には、「足りないもの」ではなく「今あるもの」に目を向けることが大事。

今、自分に「ある」ものを書き出してみましょう

「今、何をすべき？」と思ったら

そして次！

そんななりたい存在になるために、現実の理想をかなえるために、とりあえず今、何ができるかを考えるのです（5章のワークページにも書き込めます）。

ただ思っているだけでは、現実はなかなか動いていきません。もちろん「思ったこと」はいずれ現実になるはずです。

けれど、何か大きく現実を変えたい、今とは違う世界に身を置きたいなら、**「行動する」ほうがエネルギーがよりパワフル**です。それによって「思考」も変わっていきますし、本当に変化が早いです。

先日も講演会のサイン会の時に「よしみさんのようになりたい」と言ってくださった方がいました。でも、今何をしたらいいのかわからないそうです。

そこで、

「私のようになりたいなんてとっても恐縮ですし、すごく嬉しいです。もし、私のように活動するのが理想だと思ってくださるなら、今すぐSNSで〝発信〟をしてみてください」

と、アドバイスしました（何を発信すればよいのかは、次の項目で！）。

「行動」は、小さなことでかまいません。

自分を発信するとか、それについて調べるとか、親友に「こういう未来にしたくて」と打ち明けてみるとか。

また、起業したいなら名刺を作ってみたり、すでに理想をかなえている人に話を聞きに行ったり……。できることはたくさんあります！

せっかく考えても何もせず、忙しい毎日にかき消されて忘れてしまうのはもったいない。

だからこそ、**考えたらすぐに行動に移すクセをつけておきましょう。**

一歩……、いえ、半歩踏み出すだけで、見える景色が変わります!!

SNSで発信する内容はこれ！

では、何をどう発信すればよいのでしょう？

今は、ブログ、ツイッター、インスタグラム、フェイスブック以外にも、ユーチューブなどの動画コンテンツも無料で使えます。

SNSはもちろん向き不向きはありますが、本当に自分の人生を劇的に変えられる魔法のツールです。ニートだった人がユーチューブで億単位のお金を稼ぐようになったなんて話も耳にしますよね。それが夢物語ではない時代です。

自分がピンとくるSNSでよいので、今日からすぐにアカウントを作り、世の中に発信したいことを書いていきましょう！

発信内容は、大層なことじゃなくていいのです。

まずは、自分の**「好き」「楽しい」「得意」**を書き出して、その中からテーマになりそうなものを決めていきます（35ページのワーク利用）。

「好きなこと」や「得意」がわからなかったら、意外と**「小さな成功体験」**などもおすすめです。

「小さな成功体験」は、たとえば**ダイエット成功とか、語学を習得したとか、転職とか、恋が実ったとか、結婚したとか、家を建てたとか、海外旅行に安く行けた**、などです。

友人の成功体験に「え!?　やり方教えて！」と思ったことはありませんか？

また逆にあなたがそう言われた経験はありませんか？　そのように言われるのはたいてい、自分が自然にできてしまうことや、もともと興味のあるものです。

そういうものが発信に向いています。

「小さな成功体験」ワーク

「ダイエットに成功した」「貯金できた」など、成功ならどんなことでもOKです。

あなたが成功したことを書き出してみましょう

ブログで集客してみた

私の場合は**「有名になりたい」「売れたい」「本が出したい」**と大きな理想を掲げ、それと一緒に、**「好きなことで月収10万」「お客さま月10人集客」「ブログ1日500PV」**など、目の前の「目標」的な小さな理想もたくさんリストアップしていました。

一番最初は、「誰かのお買い物についていく仕事（同行ショッピング）がしたい」と、とりあえずブログを立ち上げてみました。

「洋服が苦手な方、私と一緒に、お買い物に行きませんか？」

という内容で（笑）。

その時は、パーソナルカラーなども勉強する前で、本当にアイデアだけで、「お買い物についていく仕事とかしたら、楽しそう！」と自分一人で盛り上がったのです。

自分のアイデアをネットで検索してみたら、もうすでに仕事にしていた方がたくさんました。そのサイトなどを夜な夜な見ては、参考にし、私はどういう経歴で（アパレル販売員をしていたことや、ファッションが好きなこと）、何ができるのかをブログに書きました。

最初のブログは消えていった

ですが、そのブログは1日10アクセスも行かず、誰の目にも留まらぬまま、消えていきます（たぶん自分しか見ていませんでした・笑）。

でも、**自分の考えを書いてアウトプットしたため、やりたいことが固まっていきました。**

友人や先輩に「こういうことをやりたくて」と話したところ、ある司会者の先輩から、

「それって、経歴とかないと信用がなさそうだよね。パーソナルカラーとか、あ

あいう資格を取ったら、説得力が上がるんじゃない？」

と、アドバイスをもらったのです。

その後、パーソナルカラー診断と骨格診断の資格を取り、新たにブログを立ち上げました。すると、アクセスも増え、診断や同行ショッピングの申し込みも増えていきました。


自分で考えているだけだったら、ただモンモンとして終わっていたでしょう。

でも、ブログを立ち上げる、周りの人に話してみる、SNSコンサルタントのもとで学び……と行動したら、パーソナルスタイリストの形までつながったのです。


発信していくテーマは途中でも変更できます。

私も最初はファッションをテーマにしていましたが、「働き方」にシフトし、今では「考え方・生き方」などに広がっています。

スゴイ人の「はじめの一歩」を集める

何をどうするかという選択肢は、ネットや本で探すのもとても有効です。私も、いつもみなさんにたくさんの選択肢をご提案できるように、さまざまなジャンルの方の働き方をネットや本などで調べています。

何気なく目にしたことを「私には関係ない」とせずに、少しでも気になる働き方、生き方をしている人がいたら、**「この人はどうやってこのワークライフスタイルをはじめたのかな？」と調べてみる**といいかもしれません。

今はインターネットがあるので、結構簡単にその方のバックグラウンドが見つけられます。

どんな大きなことを成し遂げている人でも、はじめの一歩はとても小さい。

それを知っていれば、「私にもできそう！　できるかも♡」と勇気がもらえます。

たくさんの人の「はじめの一歩」「転換期の考え方」などを集めて、自分の選択肢としてストックしておきましょう。

私は、小さな一歩の数なら自信があります!!

これまでに少なくとも**１０００歩は、ドキドキの１歩を踏み出した**でしょうか。

ですから、みなさんもぜひ気軽に「私」を発信してみてください。不安なら顔出しはしなくてもかまいません。

洋服が好きならコーディネートを、片付けが得意なら収納のコツを、絵が得意ならその絵を、歌が好きなら歌う動画を、それぞれアップしてみてください。

歌手の米津玄師さんも、スタートは動画だったんです。

はじめの一歩を踏み出すと、見える景色が変わります！

さあ、あなたのはじめの一歩はなんですか？

小さな一歩をたくさん重ねて、大きく未来を変えていきましょう。

フリーランスや起業には こんなプレッシャーもある

好きなことをするのに、必要なもの。
それを私は**「覚悟」**だと思っています。
「結果が出なくて失敗しても、全部自分の責任」という覚悟です。
自分の好きなことをしているのだから、誰のせいにもできない。

周りの人から「よしみさんは、自由でいいですね」なんて言葉をよくかけられます。確かに私は自由です。
毎日、好きな時間に起きて、気が向いたら好きな仕事をし、海外にもよく出かけている。私のSNSを見てくださっている方は「いつも遊んでいるのに、なんで仕事が成り立っているの？」と思うかもしれません。

今の仕事を始めて思ったのは、毎日が「選択」の連続だということ。朝起きて、仕事をするかしないか……。それすら、自分の選択なのです。仕事をしなくても、怒られないし、誰からもとがめられない。そう、**究極の自由で**す。

会社員であれば、ある程度「働く場所、時間、人間関係、仕事の内容」が決まっていて、それに合わせたり、そこから自分なりに工夫したりしますね。
でも、フリーランスの私は、まったくゼロの状態から一つひとつの選択で、自分のワークスタイルを作り上げていく。
とっても自由で楽しそうではありますが、究極の自由は不自由でもあります。すべての責任が自分にのしかかってきて、このプレッシャーに何度も押しつぶされそうになりました。

食いっぱぐれ人生にならないために

「自由だから」「選択が自分でできるから」「いつでもできるから」と言って、毎日「仕事をしない」をずっと選び続けたら、お金も入ってこないし、ただの食いっぱぐれる人生になる。

何より、**自分の選択が、この仕事の行く末に全部かかわってくる。**

人のせいにはできない。すべて自分で決めて、自分で責任を取る。

「自由で楽しい♡」の裏には、そんな大きな責任やプレッシャーもセット。

起業初期は「本当にやっていけるだろうか」と不安になる日もたくさんありました。

だからこそ、自分のモチベーションを常に保って、「やり続ける」という選択をしていく必要があるのです。

あなたも、あなたなりの**「やる気スイッチ」**を探してみましょう。

「やる気スイッチ」ワーク

私の場合、SATCを見たり、やる気になれる友人と会ったり、おしゃれをしたりカフェに行くとモチベーションが上がります。

あなたの好きなこと、やると楽しいこと、そばに置くとうれしいものを書き出してみましょう

人生の選択のコツは「ウキッ」

たくさんの選択をしていく中で、私は「選択のコツ」を習得していきました。

以前は「こっちを選んだほうがうまくいくかな」「この人と組んでいたほうが得かな」「この集まりは出ておいたほうが人脈広がるかな」と、とにかく、得するほう、できるだけ損をしないほうという基準で選んでいました。


そうしたら……。

モヤモヤすることが、ものすごく多くなったのです。

せっかく自由になるために起業したのに、人間関係で悩んだりとか、仕事も全然楽しくないと感じたり。「あれ!? これだったら、自分で選択している意味ないじゃん」とちょうど3年目に入った頃に気づきました（↑遅い・笑）。

そこからは、自分が**「好き」「しっくりくる」「心地いい」「(心が)ウキッと感じる」「楽しい」**という基準ですべてを選びました。自分のビジネスを作るうえで「好きもの」「楽しいこと」はいつもノートに書き出してわかっていたので(35、58ページ)、選択はそんなに難しくありません。

それまで選んできた数々の「モヤモヤしてしまう選択」のサンプルも頭の中にたくさんあったので、その反対を選べば「好き」「しっくり」だとわかりました。

起業初期にたくさんの「しっくりこない選択」をしたのは、私にとって財産です。

それがあるからこそ、私は「好きなほう」「しっくりくるほう」を選んでいこう!たとえ、数字的に損したとしても、そのほうが自分の気持ち的に納得できるし!!と、確信できました。

「モヤモヤ防止」ワーク

物事を選ぶ基準は「しっくりくる」こと。そのために
自分が「ウキッとくる」ものを知っておきましょう。

あなたが「楽しい」「心地よい」「ウキッとする」と思うことを書き出してみましょう

※35ページのワークと似ていますが、もう一度自分の感情と向き合うと、より深まります。

「好きなことばかり♡」の世界を広げる方法

そんなふうに少しずつ「好き」で選ぶようになった私。そうしたらすごいことが起きました。

自分の置かれている世界が「好きなことばっかり」になったんです。「好き」で選んでいるから当たり前なんですが……。

そこから、「好き」で選ぶことに、さらに徹底的にこだわりました。

仕事だけではなく、身の回りのものや、プライベートで足を運ぶ場所などもすべて、それで選ぶようになったのです。

恋愛の「好き」は難しい

私は30歳で離婚していたのですが、プライベートにも変化が出ました。

その頃は恋愛でちょっと悩んでいて、大好きだけど不安ばかり感じる男性とお付き合いしていました。でも好きだから別れたくないし、このままずっと関係を続けたいといつもがんばっていたのです。

一方で、「好き」「楽しい」「心地よい」「しっくりくる」を仕事などでどんどん選ぶようになっていて、はたと気づいたのです。

もちろん頭では彼が大好きだけれど、**そもそも「心地よいのか？」**と。

恋愛の「好き」は難しい。「好き」＝「心地よい」の方程式じゃないことがたくさんあります。だから、惑わされていましたが、他で「心地よい」選択を多くしたので、「今の彼との関係は〝心地よい〟ではないな。大好きだけど、別れよう」と、その関係を手放せました。

そして、そこから本当はどんな人だったら自分が楽しくて嬉しくて、そして心地よいのか……。たくさんノートに書き出しました。

それから数ヶ月後、私が条件にあげたリストと驚くほどピッタリの、今のパートナーと出会ったのです。


この「心地よい」で選ぶ方法は、人生すべてに使え、そして、すべてをよい方向へ、本当の自分が望む方向へと、進めてくれます。


私たちは自由です。今、「私に選ぶ自由なんてない！」と思っている方も、実はその「不自由な現実」は、自分自身が選んだ結果でもあるのです。

そう、**私たちは自分の人生を、選べる自由を持っている。**

ぜひ、この基準で一つひとつを選ぶようにしてみてください。

まずは今日のランチや、文房具の一つひとつから。

「お気に入り」で自分の世界を作っていきましょう。

「理想のパートナー」ワーク

私は「言葉遣いが丁寧」「仕事を応援してくれる」「家族を大事にしてくれる」「ワールドワイド」といった理想像を書いていました。

あなたの理想のパートナー像を書き出してみましょう

※5章の恋愛の4ステップワークシートも利用してください。

「心地よい」だけを信用しない

「心地よい」で選ぶといいと言いましたが、新しいことをはじめる時は、誰でも怖いし、勇気がいります。

慣れないだけなのに、それを「心地よくない」と思い込んでしまって、選べない方もいらっしゃいます。

それはすごくもったいない。

これまでと違う選択をする時、今まで感じたことのない感情や大変さをともなうことはよくあります。

大変って「大きく変わる」って書きますよね。

大きく変わるのは、大変なものなのです。

そして、本当の「心地よさ」は、たくさん経験してみないとわからないと私は生徒さんによく伝えています。今、私が「心地よい」と感じることは、10年前には経験していなくて、わからなかったからです。

毎日3記事アップを続けたら……

現在、毎日のようにブログを書いていますが、10年前は「毎日書くなんて無理」と思っていました。でも、ビジネスを軌道に乗せるために、「毎日3記事アップ」を、自分に課しました。

その時はもちろん苦しかったり、「もう書くことない!!」とパソコンを放り投げたくなったりしました。

でも、続けた。大変だったけれど。

今ではそれがルーティーンとなり、毎日3記事ではなく心地よいペースでブログを更新しても、多くの人に読んでいただけるようになりました。

「書かなきゃ！」という強迫観念からではなく、「毎日ブログを書く」が私の習慣となり、自然に生活に根づいたのです。


「じゃあ、最初から心地よいペースで更新すればいいのでは？」という声が聞こえてきそうですが、初期は更新がまめでないと「読んでもらえない」もセットでついてきます。あの頃はそれだと焦ってしまい、心地よくなかったのです。

「心地よく更新して、たくさんの人に読んでもらう」——そんな**未来の理想に向かって、最初はやるべきことがある。**

大変だからとブログ更新をやめてしまっていたら、今の私はなかったでしょう。

少し踏ん張ったから、今がある。


よく「いつドカンとうまくいったのですか？」という質問をいただきます。

私にとって出版は大きな出来事でしたが、その前からビジネスは成り立っていたし、セミナーも十分集客できていました。ですから、何か大きなきっかけがあったのではなく、**「毎日発信し続けた」**ことが今につながったのです。

ただ「なんとなく」ではなく、毎日「何を書こう」「どう届けよう」と考え、とにかくたくさんのエネルギーを使って発信してきた。

全力でひたすら続けていれば、かなりの確率である程度の結果は出ます。

習慣が人生を変えるのです。

でも、そのペースも、やってみないとわかりません。

私より長くやられている起業仲間でも、今でも毎日5記事あげる方もいらっしゃいますし、人それぞれ。どれが正解、不正解ではありません。

「心地よい」もやりながら見つける。

そして、**今までの「心地よい」だけを信用しない。**

少し難しいけれど、行動しながら自分でバランスをとっていくところです。

「やりたくない」も正直に♡

今、みなさんは「やりたくないのに、やっている」ことはありますか？

私は起業して、自分に向き合うようになってから、「理想＝やりたい」をたくさんノートに書き出していましたが、同時に「やりたくない」もたくさんたくさん、書き出してきました。

そして、どうしたらこの「やりたくない」をやらずに済むのかを考えて少しずつ行動し、「やりたくない」をどんどん手放していった経緯があります。

おかげで今は「やりたくないこと」がほとんどありません。

ただ、いきなり「やりたくないこと」を、すべて一気にやめるのは難しいです。

まずは「やりたくないこと」を書き出してみてください（72ページにワークがあります）。

「そうか、これが私はやりたくないんだ」と認識するのが、はじめの一歩だからです。

我慢ばかりしていると、やりたくないのにやることが当たり前になってしまい、「やりたくない」という感情すら感じにくくなります。

我慢が当たり前になり、知らずにストレスが慢性化して体にまで影響を及ぼす……なんて避けたいですよね。

講師の仕事を断ったマイちゃん

私の高校時代からの友人で、ハワイの男性と結婚しハワイに住んでいる「マイちゃん」という女性がいます。考え方など根本的なところで私と共通する部分がたくさんあって、ハワイに行くたびに会っています。

先日、そんなマイちゃんの家で、おいしい料理をご馳走になりました。

その時私は、一緒にハワイ入りしていた会社のスタッフたち5人とお邪魔していて、さらに、マイちゃんのご主人の友人も5人ほど来ていました。

私たちにも、彼らにも、ご飯を振る舞う彼女。それも品数たくさん!!


私は料理が得意ではないので、それに感動してばかりで「大変じゃないの？」としきりに聞きましたが「ぜんぜーん」と、彼女。

心の底から驚きました。私の家にこれだけの人が来たら、まずはそれだけで私の頭の中はショートし、食事は絶対ケータリングにするでしょう（笑）。

でも彼女は、料理などの家事は全然苦ではないどころか本当に楽しく、楽ちんにできるそう。


彼女のことは私の本やブログでも、「ぷあぷあ主婦のマイちゃん」としてよくご紹介しているのですが、彼女のお宅の財政事情は決して「潤沢」ではなく、どちらかというと、「カツカツ」だとか。

でも、銀行口座がすっからかんだったとしても、彼女は働きたくないと言います。

彼女の考え方が卓越しているので、私も以前、「うちの講師にならない？」と誘ったのですが、「働きたくない！　やだ！」と断られました（笑）。

それが彼女の**「譲れない理想」**なのかもしれません。

「好きなことをして年収1000万円」とは思うけれど、では究極、自分が望んでいるのは、「好きなことをする」、または「1000万円」のどっち？

もちろん両方かなえることもできますが、**自分にとってどちらのプライオリティーが高いのか知っておく。**

そうすると、いざという時にぶれずに、本当に自分が必要なほうにエネルギーをかけられます。

マイちゃんも、「これほしい！」と新月の日にお願いごとを書いているし、「お金ほしい！」とも言っているけれど、自分の「譲れない理想」を知っているから、私の仕事の誘いは断る。

それは、自分のことがしっかりとわかっているからです。

みなさんの譲れない理想はなんですか？

「やりたくないこと」ワーク

我慢しないためには、まず自分の「やりたくないこと」を自覚するのが大事。どんなに些細でも「やりたくないこと」を書き出しましょう。

1 あなたが「やりたくないこと」を書き出してみましょう

2 「譲れない理想」をひとつ書き出してみましょう

自分の可能性を、侮らないで

私はこれまで「ワークライフスタイリスト®」と名乗り活動していて、この仕事を資格化もし、全国にワークライフスタイリストの資格を持っている人たちが300人以上います。

世の中には新しい働き方・生き方をしたい方はたくさんいらっしゃいますが、「どうしたらいいか」と一人でモンモンとしている方も少なくありません。

そこで、私たちワークライフスタイリストが、クライアントさんの「好き」や「楽しい」、「嫌い」や「楽しくない」などを直接お聞きして、新たなワークライフスタイルの選択肢をご提案をしているのです。

一人では考えもつかなかった選択肢に、みなさん目を輝かせます。

「私なんて、これくらい」

「どうせ私なんて……」

そんなふうに自分の可能性を小さく見積もっている方が、どれほど多いか！

でもお話を聞くと、みなさん「もっとこうしたい」「こうなったらすごく楽しい！」と、ワクワクする理想や、隠れた野望をお持ちなのです。

いつも感じるのが**「自分の可能性を侮らないで」**ということ。

私ももともと、「私なんて、これくらいが妥当だろう」と思う一方で、

「でも、なんかできそうな気がする」

「やれるなら、やりたい！」

「でも、それって何？」

「で、そもそも何からやればいいわけ？？」

と、何年もぐるぐるしてきたので、みなさんのお気持ちはすごくわかります。

真剣な考えよりも、無責任なアイデア

相手がワークライフスタイリストじゃなくても、周りの人に自分のしたいことや今考えていること（まったく固まっていなかったとしても）を話してみる。

すると、新たな可能性が聞けたり、発見があったりします。


不思議なのですが、他人のことだと、みんないい意味で無責任に「こうしたらいいんじゃない？」「こんなのもあるんじゃない？」と、思いつきで言えるんです。

自分のことだと真剣に考えすぎて、なかなかアイデアは思いつかないけれど。

だから、他の人に相談しましょう！


自分以外の人からもらえる、**「無責任なアイデア♡をたくさん集める」**。

それが、あなたの未来を大胆に変えていく切符になります！

好きなことをしていると、あこがれられる

数年前、私の講座に通ってくださる、魅力的な女性がいました。彼女は小動物のように可愛らしく、またとても気遣いのある方でした。ですが、なぜか自信がなく、「私なんかが、講座に参加して」と、いつも後ろのほうの席に座っていました。

とても真面目な彼女は、学んだことを実直にこなし、自分なりにその学びを伝えようと、お茶会やセミナーを開催してみました。

ですが、初対面の人と話すのが得意ではなく、あまりうまくできなかったと落ち込んでしまいます。

そんな中でも、**自分が本当に好きなこと、できることはなんだろう**と何年も探し続け、地道に自分のインスタグラムを更新していました。

私は彼女のインスタの写真のセンスのよさに心を奪われ、「よかったら、うちの会社のインスタ担当になってくれない？」と声をかけました。

「ぜひ！」と彼女。私の言葉と、彼女の写真を合わせた投稿がとても人気になり、フォロワー数もどんどん伸びていきました。

そうしているうちに「私、ものをおしゃれに撮るのが好きなんだ」と彼女は気づき、どんどんその技術を磨きました。

今では、「おしゃれにものを撮るコツ」を教えるワークショップまで開催しています。

先日、たまたまある生徒さんのフェイスブックを見たら「前からずっとあこがれていた○○さんにやっと会えました！」と彼女のことが書かれていました。

私も、自分のことのように嬉しかったです。

そのフェイスブックの内容を彼女にシェアしたら、「私があこがれられるなんて!!」と、とてもびっくりしていました。

「私なんて……」とずっと自信なさげだった彼女。

でも、「好きなこと」探しをあきらめず、追求していった結果、人からあこがれられる存在になったのです！

好きなことをしていると、誰かのあこがれの存在になる♡

だから、今はただただ、「好きなこと」を追求しましょう。

毎日「お金がない」とつぶやいていた

「〝好きなこと〟をするにはお金がいるのでは？」とよく聞かれるので、お金について振り返ってみます。

ステップ① お金がないと毎日嘆いていた

ＯＬだった頃は、毎日「お金がない」と嘆いて嫌気がさしていました。カードの明細を見て「こんなに払えない……」と、泣くことも。

⬇

ステップ② お金に対するマインドを変えた

「引き寄せの法則」の本に興味を持ち「お金を引き寄せる！」というようなワークをノートに書き留めていた時期です。お金に対するマインドをここから少しずつ変えていきました。この後すぐに、好きなことを仕事にしようとパーソナルスタイリストで独立。

↓

ステップ③　目の前のことをコツコツやっていたら、目標クリア！

起業４年目で年収１０００万を超えました。目標にしていた金額ではありましたが、それを常に考えていたわけではなく、夢中になって楽しく仕事をしていたら、「あ！　こんなに稼いでいたんだ！」と、後から気づく感覚でした。

↓

ステップ④　以前よりも楽しく、年収も多く！

起業６年目以降は、ワークライフスタイリストとして、組織化し、以前よりも多くの年商や年収を得られています。仲間と一緒に楽しく働けてとても豊かで幸せです!!

このステップを見ていただくと、①と②の経済状況は実質的には全然変わらないのですが、考え方が全然違いました。

お金はエネルギーであること、「お金がない」と言うと、それが現実になること……そんな基礎的な「お金に対する考え方」をいろいろな本から学び、考えが少しずつ変わっていったのです。

そして、一番大きかったのは、やはり**「好きなこと」を仕事にしたこと。**

好きなことで「お金を得る」経験を通して、「大変で苦しい」でも、「楽しいー♡」でも、どちらでも同じようにお金は入ってくると実感しました。

さらに、楽しいともっともっとやりたくなって、エネルギーがどんどんわき出る！　自分から出るエネルギーがどんどん循環し、入ってくるエネルギー（お金）も増えていく経験から、豊かになる方法がわかってきたのです。

お金の使い方も変わっていきました。
①の頃は「これだけしか買えない」と、「買えない」にいつもフォーカスして

いました。お給料以上の金額のカードの明細を見て、泣いていたにもかかわらず――そんなに使っても「買えてない」という気持ちだったのです。

でも、②以降は「買えている」ほうにフォーカスしていきました。買えたのは１０００円のシャツや１９００円のサンダルと、①の頃と同じでしたが、「それしか買えなかった」と、**買えないことにフォーカスするのではなく、それを「買えた」と、嬉しいほうにフォーカスする**ようになったのです。

そうしたら「買えた♡」「買える！」がどんどん増幅して、自分の経済状況がどんどんよくなり、「お金がない」という現実がなくなっていったのです。「ないない」と思っていた頃は、「お金がない」と言いたくなる現実が作られ続けていたのに、「ある」に意識を向けたら現実が変わっていきました。

そして今では、昔では考えられないくらいのものを「買う」ことができています。

〝魂ピカ〟すれば、「本当の自分」に戻る

「本を出す」という夢がかなった後、街で「宮本佳実さんですか？」といろんな方に声をかけていただきました。

「なんかすごいことになっている……。――でも、私、昔と比べてなんか変わったのだろうか」と考えました。でも、とくに「変わった」と感じるところはありません。しばらくして、ふと気づいたのです。

「あ、**変わったのではなく、〝本当の自分〟に戻った**のだ」と。

先述したように、起業してすべてを自分で選択するようになりました。

それを何年も繰り返していうるうちに、自分が「心地よいほう」を選ぶことが常となり、他人や世間ではなく、「自分の基準」で何もかも選択できるようにな

っていきました。「好き」がより色濃くなり、「楽しい」の純度が上がっていったからです。

他人の目線や世間の評価ばかりを気にかけて我慢している自分は少しずついなくなり、**「本当の自分」にどんどん戻れた結果、想像もできないようなミラクルが現実になりました。**

では、「本当の自分」って？

「本当の自分」に戻るために、私のオススメの方法は**〝魂《たま》ピカ〟**です。
これは、私が考えた言葉ですが、文字どおり、自分の「魂」をピカピカさせるのです。

最近は、人が何度も生死を繰り返しながら生まれ変わる「輪廻転生《りんねてんしょう》」という考え方が広まっています。

私も前世はダンサーだとか、門番だったと言われたことがあります。そんな、別の人だった私も、中身である「魂」はいつも同じ。体の器部分だけが、変わっていくという考え方です。

つまり、人の魂は前世でも、今世でも、来世でも同じ。それが「本当の自分」なのです。

ワクワクすること、安心すること、好きなこと……こう感じることこそが魂が喜んでいるサインになります。

逆に、違和感を感じること、嫌なこと、不快なこと……などは、**魂が「自分とは合ってない」と感じているサイン**です。

そんな感情を感じた時は、「ネガティブなことを感じちゃダメ」と見て見ぬふりをするのではなく、その気持ちを「つらかったね。悲しかったね」と認めましょう。そして「本当はどうだったらうれしかったのか?」と自分に聞いてみます。

私はいつも自分の感じたこと、思ったことをそうやってノートに書きとめて、自分の感情サインの精度を上げていきます。

「これやらなきゃ」「こうしなきゃ」とやっているものの中に、本当はモヤモヤしていたり、心地よくないことってありませんか？

それは、世間体や周りの目、結果などを気にしてやっているだけで、「本当の自分」は喜んでいないからです。

これまで書き出してきた「好きなこと」「（心が）ウキッとすること」をして、〝魂ピカ〟し、「本当の自分」に戻りましょう。

好きな人とだけ関わる方法

「本当の自分」に戻れば戻るほど、自分のエネルギーが軽やかになり、しかも、色濃く、純度が高くなっていきます。

すると、何が起こるでしょう？

みなさんは**「引き寄せの法則」**を知っていますか？　これは、自分の考えに現実が引き寄せられる法則です。

この世にあるものすべてがエネルギー体なので、たとえば「これがほしい」と自分が思ったら自分がそのエネルギーを放ちます。それに反応したエネルギーが引き寄せ合うのです。

これが、「引き寄せの法則」の理論です。

つまり、自分の本来のエネルギーが色濃くなればなるほど、「自分に合う人」が引き寄せられるのです。「類は友を呼ぶ」という言葉がありますが、それはエネルギーが似たような人同士が引き寄せ合うから。

一方で、自分の「好き」や「楽しい」、「本当の自分」を意識せずに生きていると、本当の自分が望んでいない人間関係も引き寄せます。

特に「人間関係は面倒臭いもの」「会社の人間関係って最悪」と思っていればいるほど、それを現実として引き寄せてしまうので要注意です。

そうではなく、**「自分の好きな人しか、私の周りにはいない！」と決めてしまう**のです。

私も起業当初、「いいお客さまばっかり！」などと先にノートに書いていました。

そうしたら、本当に優しくて素敵なお客さまばかりが来てくださり、自分のビジネスがとても楽しくできたのです。

自分の「好き」や「楽しい」「心地よい」を意識すると、自分が望むような人間関係も作られていきます。

私の友人は、会社にすごく苦手な人がいたけれど、自分は会社外ですごく楽しいことがあったので、ニコニコしていたそうです。そうしたら、そのイヤな人が全然気にならなくなって、なんと、その苦手だった人もニコニコするようになり、苦手意識がなくなったそうです。

「長年悩んでいた人間関係が、〝魂ピカ〟で解決しちゃったの！」

と、教えてくれました。

無理に相手を変えようとか、その目の前の相手にイライラと腹立てるよりも、**自分で勝手に〝魂ピカ〟しているほうが、解決することがたくさんあります。**

〝魂ピカ〟で、人間関係もどんどん心地よくしていきましょう！

「好きな人を引き寄せる」ワーク

あなたが好きな人はどんな人ですか？　考えてみてください。

どんな人に囲まれていたいか書いてみましょう

人脈ゼロからのスタート

ここで、私がどんな経緯で「好きな人に囲まれて働く」を実現していったのか、人間関係の変化をお伝えします。

ステップ① 友人・同僚が人間関係のすべて

起業前は、学生時代の友人、会社の同僚だけが私の人間関係でした。今でも連絡をとりあっている仲間ももちろんいて、人間関係にはいつも恵まれていると思っていましたが、悩みもたくさんあり、疲れることも多かったです。

ステップ② セミナーなどでどんどん名刺交換

起業はじめの頃。周りに「起業している」とか「年収1000万円」という人はいなくて、起業仲間はまったくのゼロでした。なので、とにかく異業種交流会やセミナーに足を運び、たくさんの人と名刺交換しました（そうやって知り合っていった仲に、今、親友と呼べる人たちがいます）。

ステップ③ 一人で仕事。他の人とのコラボで疲弊も

起業3年目に入り、少し自分で集客できるようになると、他の方から「コラボしよう」とよく持ちかけられました。ただ、コラボさせていただく中で、私ばかりが集客して、提供するサービスは半分半分、そして取り分も半分半分のことが続き、私の集客力目当てなのかな、となんだか心が疲弊。

それから何年間かはコラボはお受けしないと決めていました。

もともと、パーティーなどは得意ではなかったため、異業種交流会などもこの頃はほとんど行かず、一人でコツコツと仕事をするスタイルに変わりました。

その後、②の頃に歩き回っていて出会った友人と、イベントコミュニティを設

立。たくさんのメンバーと一緒にイベントを開催する仕事を何年かしました。その経験から「仲間と一緒に働くことの楽しさ」を知りました。

⬅ ステップ④ 苦手な人がいない世界に！

数年前からチーム化し、年々たくさんの仲間を増やしていきました。自分の「好き」や「心地いい」で、人間関係も選べるようになり、いつの間にか「苦手な人」が自分の世界からいなくなっていました。

精神的に「満たされている」同士の関係とは

最近、読者の方から「よしみさんの人間関係がうらやましいです」という言葉をよくいただくので、とても嬉しいです。

私は、仕事仲間だけでなく、友人関係ももちろん「心地よさ」を大事にしています。

また、**その人自身が「満たされている」ことも、重要ポイント。**その人がいつも愚痴を言っていたり、「足りない足りない」という話ばかりだったらどうでしょう。もちろん、時にはちょっとした愚痴もいいですが、「なんとかして!!」というエネルギーが強すぎると、お互い疲弊してしまいます。

精神的に「満たされている人」同士の関係は、とても心地よいです。お互いを比べる必要もないし、相手の嬉しい出来事には、一緒に泣いて喜べます。

お互いの「理想」を語り合い、「できるできる！」と「信じ合えて」、それがかなったら一緒に「喜び合える」。そんな大切な関係を保ってくれる友人たちには、定期的に「感謝」を伝えるようにしています。

「今日も楽しかった、本当にいつもありがとう」

と、会った後にさらりとメールします。

私だけではなく、「好き」や「心地よい」を基準に毎日を生活するようになったみんなが口を揃えて言うのは、

「周りに苦手な人がいなくなった」

ということ。

今、人間関係で悩んでいる方はぜひ、試してほしい。

まずは**「相手を変えよう」「相手が気になる！」と、相手にフォーカスするエネルギーを止めて、自分に集中してみる。**とにかく自分を心地よくさせてみるのです。

そうしていると、「喜び」でいっぱいの自分の世界が出来上がっていきます。

そこには、見えない結界というか、バリアのようなものもあって、自分のエネルギーと合わないものは、入ってこられなくなります。

だから、自分らしく、平穏な世界を作っていけるのです。

自分に正直でも わがままにならない理由

自分を満たして、自分の欲求に正直に生きていると、周りからわがままな人だと見られてしまうのでは……と考える方もいらっしゃるかもしれません。

でも、私の周りには、とても幸せで、満たされていて、周りの人からも愛されている方がたくさんいます。そんな方は、単に傲慢な人とどう違うのでしょうか。

それは、**「損することを恐れていない」**点。

自分だけ得しよう、損したくないと行動している人は、傲慢さが出てしまったり、人から「わがままな人だな」と見られがちです。

でも、私が知っている、満たされて愛されている人たちは、損することを恐れず、人に得をさせる器があります。

それは、すでに自分が満たされているから。

たまには少しくらい損しても大丈夫。そんなふうに考えているから、人から愛される行動が自然とできるのです。


これはお金を貸すとか、たくさん奢ってあげるとか、そういうことではありません。

「お先にどうぞ」と譲る精神であったり、面倒臭いことをやってあげたり。また、相手が待ち合わせに遅れてきても怒らない、お菓子を分ける時に相手に多くあげる、車を運転してもらったらお礼を渡したり、駐車場代やガソリン代を払う……。

こんな、**小さな優しさの積み重ね**なのです。

会社員でもご機嫌でいられる

「早く旅行に行きたいな」など、ワクワクすることってありますよね。

ところが仕事に関しては、「イヤイヤやるもの」と思っている方が多いのではないでしょうか。

でも、私も、私の周りの人にとっても、「仕事は基本ワクワクするもの」なんです。なぜでしょうか？

それは、**ワクワクすることを仕事にした**から！

単純な方程式ですが、そうなんです。

好きなことを仕事にして、それをもっとやりたい、もっと多くの人に届けたいと考えれば考えるほどワクワクします。

「そんな働き方は、特別な人しかできないのでは？」と思いますか？　以前は、私もそう思っていました。

だけど、私が「好きなことを仕事にしよう！」とみなさんに伝えて、もう何年も経ちますが、本でブログでセミナーで、それを知った人たちがどんどん「好き」を仕事にしていっています。

そして、どんどん自由に軽やかになっています。

なぜなら、起業にかぎらず、みなさん私の本を読まれて、「好き」と同時に「楽しい」や「心地よい」という感情にも敏感になっているから。

もちろん、会社員が合っているという方もいます。起業は「集客しなくては」「自分が売り上げを作らなければ」と焦ってしまい、向いていないそうです。

起業でも会社員でも、「楽しい」「心地よい」のであれば、どちらでもいいのです。

「好き」を選ぶトレーニング

会社員の方からも、「好き」や「楽しい」を基準にして行動していったら、

- **行きたい部署へ異動になった！**
- **やりたい仕事を任されるようになった**
- **週休３日になった！**
- **長期休暇がするりと取れるようになった！**
- **イヤな人が辞めてすごく働きやすい環境になった**

など、ミラクルな報告をたくさんいただいています。

「好き」や「楽しい」で選択できるのは、起業している人やフリーランスの人だけではありません。

「会社員として働く」という選択肢も、あなたの「好き」や「楽しい」で選んだ

結果であるべきなのです。

「つらい仕事をする」ことも、「楽しく働く」ことも選べるのです。
どちらが「得」をするかはわかりません。
でも、どちらが「楽しい」かはわかります。

自分で選ぶのが難しい方は、ランチや本の購入など、小さなものから「好き」を選ぶトレーニングをしてみましょう。慣れると、仕事などの大きなジャッジも、軽やかに「好き」「楽しい」「心地よい」で行えるようになります。
どんな働き方に自分がしっくりきて、ウキッとするのか、今一度、考えてみてください。

幼少期の「好き」をどうやって仕事にする？

私は**その時の「好き」に忠実に生きています**。もちろん、根本的な好みは変わりませんが、年齢や成長度合い、その時のトレンドなどで少しずつ変化します。

先述したように、以前はとにかく「ファッション」が好きで、サロンを立ち上げました。そのための〝集客〟や〝マーケティング〟の勉強がとても楽しくて、「好きなこと起業」のやり方を伝えるコンサルティングもスタートしたのです。

もう、ファッションよりもビジネスのほうが好き！　となりましたが、せっかくのサロンを手放すのは勇気がいる。そこで、新月の日に「サロンを一緒にやってくれる仲間が欲しい」と書いて、アンテナを張っていたところ、現スタッフたちに出会えました。数年かけてファッションの仕事を彼女たちにすべて任せられるようにしました。

このように、好きがどんどん変わっていき、今でも「これはもう、飽きちゃったかな」と思ったり、「あれもやってみたい！」とすぐ他のことに興味が出たりします。

また、小さな頃に好きだったことを思い出すといいと先にも書きました。が、これはたとえば「小さい頃は本が好きだった」として、「作家にならなきゃいけないのかな？」と思いがち。ですが、他にも、編集者さんやライターさん、本屋さん、図書館司書さん……など、本に関わる仕事はたくさんあります。

結局、大事なのは「本が好き」の中身。好きだったのは、「本の質感」なのか、「本を読む」行為なのか、「本を集めること」なのか、「本を読むその静かな時間」なのか……それによって、選ぶ仕事も変わってきます。

小さな頃の「好き」を、そのまま大人になってからやろうとすると、「無理！」と思う方もいらっしゃるでしょう。たとえば「リカちゃん人形で遊ぶ」ことが大好きだったとして、「それ、大人になってからどうするの？」ですよね。

これも、リカちゃんのどんなところがどんなふうに好きだったのかを、よく思い出してください。「リカちゃん人形で友達と集まれるのが楽しかったんだな」と思い出せたら、人と関わる仕事がいいかなとわかりますし、「リカちゃんをコレクションするのが好きだったんだ」とわかれば、何かをコレクションするとテンション上がるのかもというヒントになります。

一つのことをもっと多角的に見ることで、「自分」というものがどんどん見えてきます。

ぜひ、やってみてくださいね。

2章
好きな時に

私は今、好きな時に仕事ができています。

そうなるまでには、

自分なりのゆる〜いルールがありました。

自分を追い込まなくていい。ゆる〜く、ラクに考えて。

いろいろな紆《う》余《よ》曲折《きょくせつ》を経て、今、好きな「時」に好きなことをできる、ワークライフスタイルが出来上がってきています。最初に一例をご紹介します。

デイリー編

毎日ではありませんが、朝、ノートに気づきを書いています。

朝：目覚ましをかけずに起床、窓を開ける。白湯を飲みながらストレッチ。テレビでユーチューブの音楽をかけ、朝食を軽く食べて、朝ノートを書く（書かない日もある）。その後、メールチェック、軽く仕事。

昼：友人とランチ→お茶。帰宅。原稿を書いたりデスクワーク。

夜：夕食の準備。インスタグラムを見たり、テレビを見たり自由にすごす。お風呂。また自由時間の後、就寝。

東京出張編

（右）日帰り出張の時はパソコンではなくiPadをお供に。
（左）東京のシェアオフィスのミーティングルームでスタッフと打ち合わせ。

朝：ホテルの朝はいつもより少し早め。ホテルで朝食。

午前：午前中に一つ打ち合わせを入れることが多い。

お昼：スタッフと過ごす時はインスタライブ配信をすることも。

お昼過ぎ：一人でデスクワーク。

14時頃：打ち合わせや取材。

夕方：一人でブログなどを書く。

夜：起業仲間と食事。

22時頃：帰宅。お風呂、スキンケアをして就寝。

SNSに振り回されない「私」になる

いつでも好きな時に仕事ができるのは、SNSを使っているおかげ。

でも、「いいね！」の数やアクセス数、コメントに一喜一憂して心が疲弊してしまう……そんな人も多いと聞きます。


大事なのは、SNSを「ツール」だととらえて、**振り回されるのではなく、「使いこなす」**こと。


もちろん、SNSでは、心ないコメントに傷つくことはあります。

私の場合は、そんな時は、その感情をごまかさずに、「すごく傷ついた」「すごく腹が立った」としっかり感じます。

たいていは横にいるパートナーに愚痴ったり（笑）、友人に聞いてもらったり。

そうすると、聞いた人が、私よりも腹を立ててくれたりするので、ちょっとモヤモヤが消化されるんです。

それをせずに、自分の中で、感情さえ感じないように耐えてばかりいたら、疲れてしまいます。

もちろん、コメント欄は閉じることもできますし、「見ない」のも一つのやり方です。

ＳＮＳをツールとして仕事している人は、それと上手に付き合う方法を自分なりに作り上げています。

最初は誰かのやり方をヒントにして取り入れてみましょう。

ここでは、私のＳＮＳが起業当初から現在の形に落ち着くまでのステップをご紹介します。

何か試していただけるものがあったら嬉しいです。

ステップ①　起業初期から2〜3年頃

・ブログは毎日3記事アップ（時間は朝・昼・夜、もしくは昼・夕方・夜）
・一人ひとりにコメントを返して交流をする
・ブログからメッセージで連絡が来た方（同じように起業してる方など）と、積極的に会う
・自分から読者登録を1日50件とノルマを設けて、メッセージ付きで送る
・自分からたくさんの人に「ペタ」（今でいう「いいね！」）をしに行く
（夜11時からの1時間を「ペタ時間」と決めていた時もありました）

ステップ②　起業中期（起業3〜5年頃）

・ブログは毎日2〜3記事アップ（だいたい朝と夜）
・フェイスブックに、毎日あったことを投稿
・コメント欄は閉じる（コメントに一喜一憂しないために）
・問い合わせメールが来たらスタッフから返信する

ステップ③ 起業6年目以降

・ブログ、インスタグラムはアップしたい時にあげる（時間はとくに決めていない）
・フェイスブックはフィード投稿よりも、メッセンジャーやワークライフスタイリストの人たちとのグループでの連絡ツールとして使う
・ブログのコメント欄は今は開けていて、みなさんからのご質問やメッセージをいただき、それがすごく励みやヒントになっています！

起業当初は、ブログなどで私に興味を持ってくださる方と交流をして関係性を深めていました。

人脈がまったくなかったので、交流会のお誘いなどに積極的にこたえて、たくさんのよい出会いがありました。その一方で、苦手だなと思う方となぜか密な関係になるなど、失敗もありましたが……。

それから数年が経ち、ビジネスも少しは軌道に乗りました。でも、「今日はアンチコメント来てないかな」と身構えている自分がいました。その心労を手放そうとコメント欄を閉鎖。

そのまま何年も閉じていたのですが、先輩から「開けてみんなのメッセージを聞こうよ！」と勧めていただいたので、コメント欄を再度開いたのです。

こうやって、その時々の**自分の成長に合わせて、SNSの向き合い方、使い方も変えてきました。**本当に迷いながら、トライアンドエラーを繰り返しながら少しずつやってきて、今の形があります。

ぜひみなさんも、自分なりのスタイルをつくってみてくださいね。

内勤しながら、発信できた

SNSで大事なのは「続けること」。

まずは2年、続けてみてください。ネタに困った時は、1章でお伝えした内容を参考に、毎日コツコツ、シェアしていってください。

このSNSを使ったビジネスモデルで、私がとくに気に入っている点は「好きな時に」できることです。

会社に行くわけではないので、朝早く起きなくてもいいし、気が向いた時にブログを書く……そんなスタイルが自分には合っていました。

最初は司会者や司会事務所のマネージャーの仕事（内勤）をしながら、このビジネスをはじめたので、通勤電車の中でのブログアップが日課でした。

行きと帰り、スマホで1記事ずつ書ければ、少なくとも1日2記事ずつあげられます。

空いた時間にできるから、軌道に乗るまでやり続けられたのです。

自分でビジネスはしてみたいけど、会社を辞めたら生活費などが心配な方はまずはダブルワーク（副業）ではじめることも多いでしょう。また、会社員の仕事を続けながら、副業としてやりがいのある仕事をしたい方も多いでしょう。

そんな方々にも、ＳＮＳを使ったビジネスはとてもオススメです。

パソコンは2台

今はインターネットのおかげで、たとえ海外にいても、いつでもオンラインでミーティングをしたり、データを送ったり、普通に仕事ができてしまいます。

必須なのがパソコン。もちろん、今ではスマホだけでも起業できます。

私はパソコンが好きすぎてオタクなので、Ｍａｃのノートパソコンはほとんどのモデルを試しています。

どれが一番キーボードの押し心地がよくて筆が進むのか、最新の機種でどれが使いやすいのかと試してきて、今はＭａｃｂｏｏｋ Ａｉｒ13インチの最新モデルが私のメインパソコンです。

自宅でも書斎やリビングと、場所を変えて仕事をするので、ノートパソコンが便利ですし、出かける時もオリジナルケースに入れて気軽に持ち運べます。また、オフィスのＭａｃｂｏｏｋ Ｐｒｏ15インチもよく使うパソコンです。

どのパソコンやスマホ、ｉＰａｄでもファイルを共有して、スムーズに仕事ができるように、すべてのファイルを「ドロップボックス」で管理しています。

ですから、どの端末からも同じファイルを開いて、仕事を進められるのです。

新しいことをはじめる時は、確かに忙しい！

起業など、新しいことをはじめる時はエネルギーがいります。
何事も最初は馬力が必要ですし、ペースをつかむまでは、少し戸惑うこともあります。
でも、大丈夫。それは永遠に続くわけではありません。
最初は忙しさを楽しむくらいで！
私も、24時間じゃ足りないほど仕事していました。
でも、夢中だったから「つらい」とは思わなかった。
ただただ、思いついたことをすべて行動に移した……そんな感じです。

「これ、本当にうまくいくのかな？」

「これ、私が本当に好きなことなんだろうか」

なんて、考えている暇はない。

一度好きでやると決めたら、行動あるのみ♡

考えるなら、やりながら！


やってみてわかることはたくさんあるし、考えているだけだと、なんだかどんどん不安になってきて、「もういいか」と結局何もやらず、変われません。


「とりあえず、やってみる♡」

迷った時は、この言葉。

失敗しても大丈夫。失敗したら、それはあなたの大事な経験データになるだけ。

私も成功のもととなる失敗を数多くしてきました。

たとえば、リリースしたけれど反応がなかったサービス。この経験があるから、リリースしてから説明文を変えたり内容を調整していけばいいことや、反応のないサービスがどんなものかがわかりました。

また、イベントを主催していた時は、集客できずに赤字になることも。でもその経験から、告知のタイミングや準備方法など、赤字にならない法則がわかったのです。

成功者は「失敗慣れ」しています。

だから、行動するのを恐れない。

失敗慣れする頃には、あなたは「成功者」と呼ばれる人になっているはずです。

理想に期限はいらない

よく聞く願望達成の方法に、「願望がかなう期限を決める」というのがあります。

私も昔はよく実践してました。

本を出すという大きな夢があったので、いつも期限付きでそれを書いていたのです。だけど、全然かなわない。そのたびに落胆します。

「また期限が切れた。もう無理かな……」と。

でも、結局、「本を出す」という夢をかなえられました。その後に感じたのは、**「ベストなタイミングでかなう」**ということ。

もし、私が設定した期限までに自分でなんとかして、無理やりその夢をかなえていたとしたら、こんなに何冊も本は出せていなかったでしょう。

以前の私は、自分の伝えたいこともまだ成熟していなかったうえに、ファンの方がたくさんいたわけでもなく、ただただ「本を出したい」という思いだけが先行していたからです。

私が本が出せたタイミングは完璧で、だからこそ、こうやって今11冊目の本を書けているのです。


自分のエゴだけで、「早くかなえたい!!」と思いすぎてしまうと、一番いい状態での「現実」がやってこないのです。

だから、焦って、自分で無理やりなんとかしようとしない。

理想をノートに書いて、目の前のできることを楽しくやって、その後は、大きな力にお任せ。

一番いいタイミングで、いちばんいいようになるから大丈夫♡
そんなふうに自分の人生を信頼していると、どんどん自分の思った以上の現実が実現していきます。

ノートは罫線と方眼の2冊♡

ノートは**「朝の気づきや自分の思っていること、好きなことや得意なこと、自分の理想などを書き留めておく罫線《けいせん》のノート」**と、**「ビジネスのアイデアなどをメモのように書く方眼《ほうがん》ノート」**の2冊を使っています。

これは普段は家に置いてあって、旅行や出張にはなるべく持っていき、いつでも使えるようにしています。

前はノート1冊にまとめて書いていたのですが、アイデアをイメージした図などを書くには、方眼ノートがとても使いやすいです。

逆に気づきのノートは基本的に文字だけを書くので、罫線のほうが書きやすい。

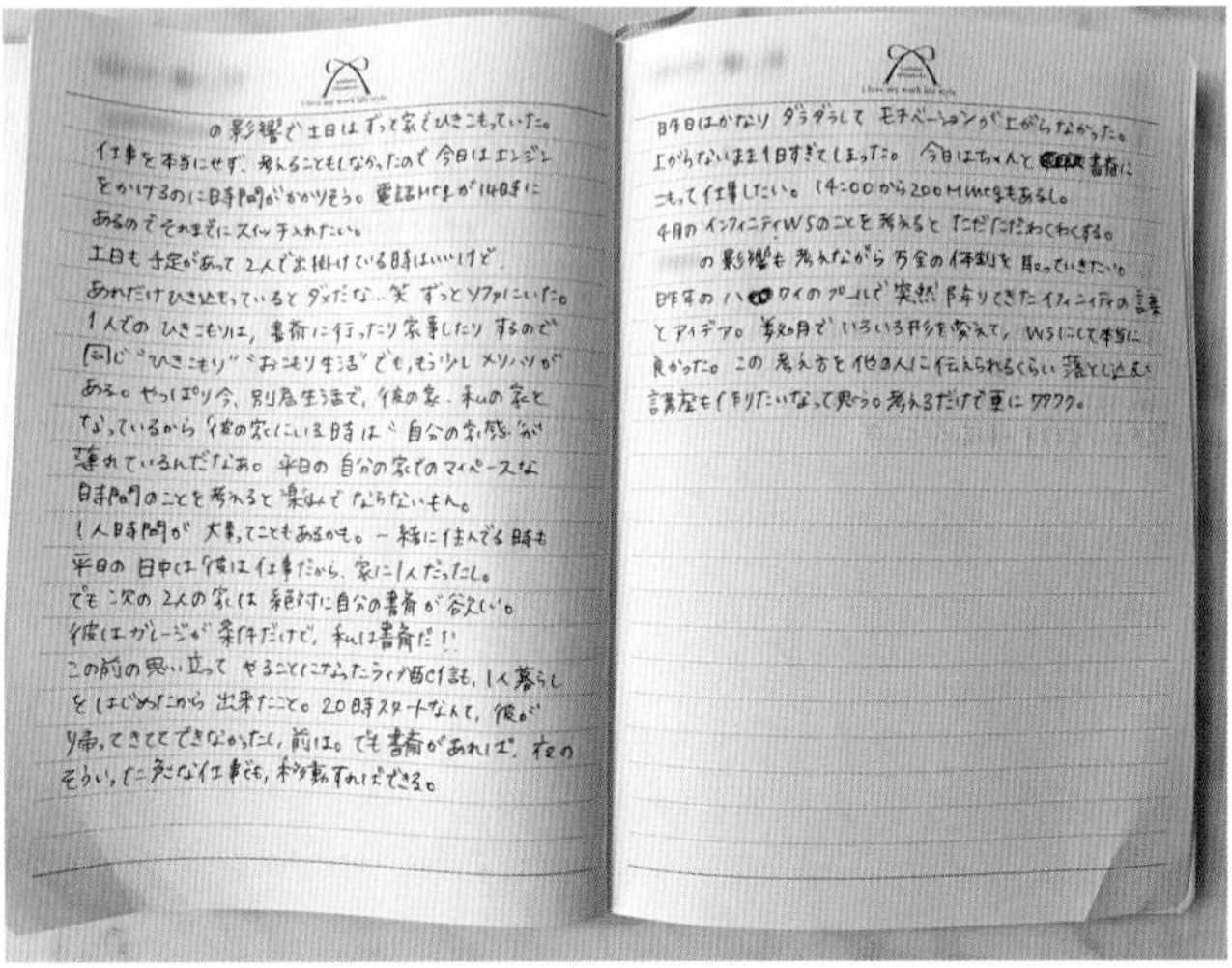

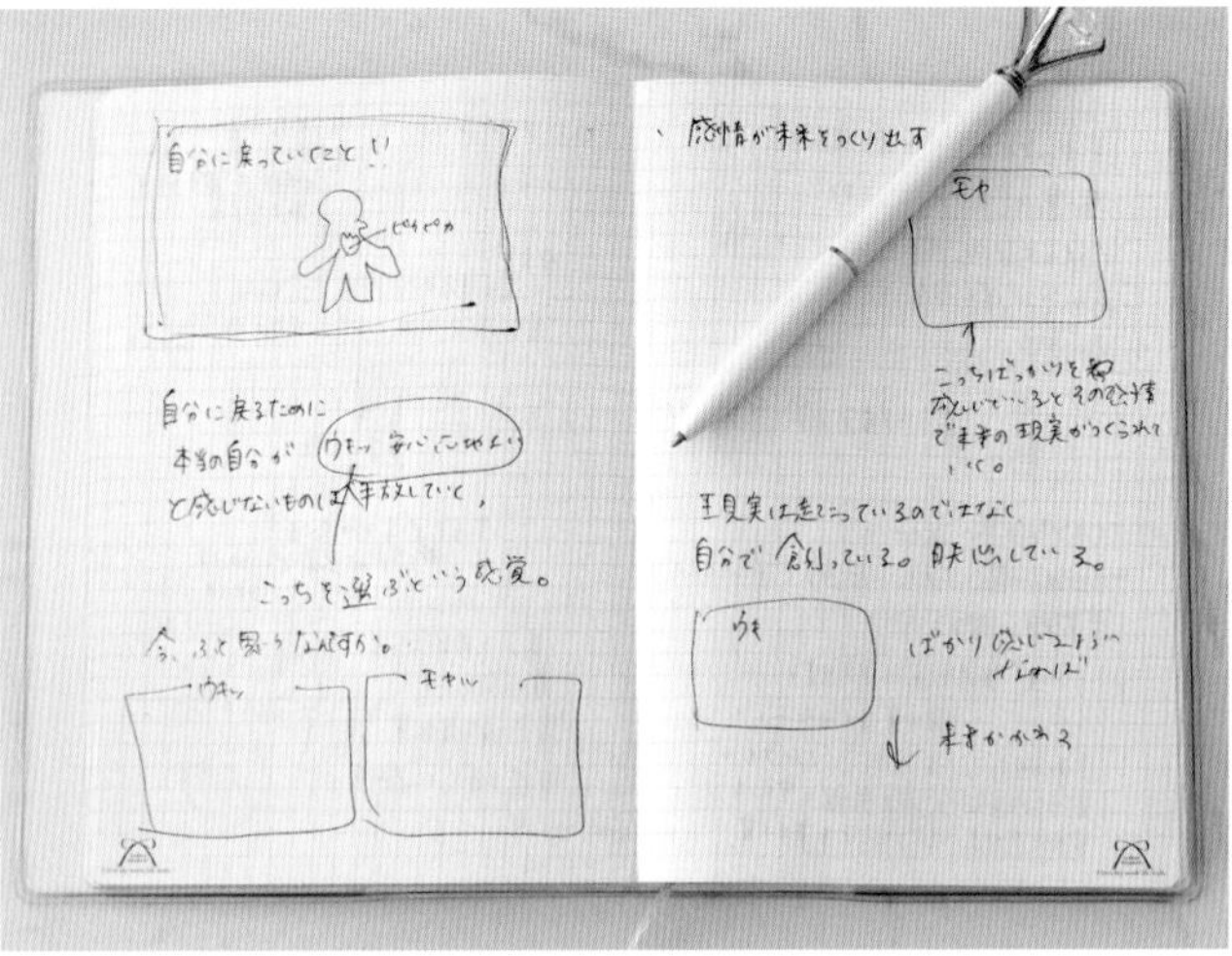

（上）気づきを書き留める罫線ノート。
（下）アイデア用の方眼ノート。

また、ｉＰａｄも持っていて、こちらをノートがわりにしようと思ったこともありました。でもやはり、紙に書いたほうが私はエネルギーが入るので、紙のノートを使うのがほとんどです。

ただ、ｉＰａｄはアップルペンシルなどでメモを書けるため、その点はとても重宝しています。ミーティング中のスタッフに、共有したいメモなどをｉＰａｄで書いてその場で送ったりできます。

「好きな時」は5ステップで変化した

「好きな時に仕事をする」。

その「好きな時」は、私の成長度合いに合わせ、変化してきました。

それをご紹介するので、参考にしてみてください。

ステップ① 起業当初……スキマ時間を上手に活用！

最初は、司会者・司会事務所の事務・起業の「3足のわらじ」。どれだけスキマ時間に仕事をこなすかが、日々のミッションでもありました。

通勤電車の中でブログがアップできるのはありがたかった！

そして夜、夕食を終えたら、家で事務作業や、サービスメニューなどのアイデアを練ったり、同業他社さんのリサーチ（ネットでできる範囲）をしていました。

ああでもない、こうでもない……と夜な夜なパソコンに向かっていました。

ステップ② 起業2年目頃……とにかくがむしゃらに、働けるだけやる！

司会事務所の内勤を辞め、司会者の仕事もセーブ。起業だけにしぼりました。

会社員時代が長かったので、好きな時間に仕事ができるのが嬉しかった。その自由な時間に、会社員くらい、いえ、それ以上の仕事量はしていたかもしれません。

お客さまにたくさん来ていただきたかったので、この頃はお客さまに会っている時以外はほとんどパソコンを見ていた気がします。

ステップ③ 起業5年目頃……私なりの「好きな時♡」が確立してきた！

ずっと忙しい時期が続いた中で「あれ!? 私がしたい働き方ってこれだっけ？」と自分の働き方を見直して、それが心地よいスタイルに変わっていった時期。アシスタントさんを雇って事務仕事をすべて手放し、セミナーなどはすべて他会社に主催してもらうようにして、講師として「伝える仕事」だけにしぼっていきました。

ステップ④　起業7年目頃……仲間がどんどん増え、さらに自由な働き方へ

本を出して仲間も増えていき、私の実働時間はどんどん減っていきました。

週休５日どころか、実働的には、週休６日になり、週１日ほどしかしていなかった時期です。

でも、毎日ブログは書いていたので、それを仕事ととらえるならば、週休６日ではなく、３６５日休みなしでしたが、私がブログを書く時間は長くて15分くらい。私の中では、ブログは友人にメールを打つのと同じくらいの労力なので、とてもゆったりできた時期でした。

ステップ⑤　起業10年目以降……また少し忙しく。再び仕事を整理する時期へ

この本を書いている２０２０年はプロジェクトが増え、ちょっと社長業に忙し

さを感じています。少し前のほうが、もっとゆるやかに働いていました。なので、今はまた、ちょっと自分の仕事の整理をする時期。もう少しゆるやかに働けるようにしたいなと思っています。

こうやって書いてみると、**その「時」の自分の「楽しい」を忠実にやってきたらからこそ、今の幸せがある**と感じます。がむしゃらにやっていた時はものすごく夢中だったし、毎日が新しい発見で楽しい。

起業7年目で落ち着いていた時は、ライフスタイル的には満足していました。けれど、ずっと夢だった「本を出す」がかない、それも安定してきて、ちょっと燃え尽き症候群のところもあって、何か新しいチャレンジをしたくてうずうずもしていた。その時にはじめたいろいろなことが形になってきて、ちょっと最近は忙しくなってしまっていますが……。

その時々の自分の「楽しい」「好き」にエネルギーを注ぎ、自分のスタイルを作っていく。そして、ちょっと違うな、もっとこうしたら心地よいかもということが出てきたら調整していく。

スタイルはやりながら作っていくもので、今もまだ、作っている途中です。

みなさんの今の働き方のペースはどんなものですか？

そして、今後どんなふうに調整し、変えていきたいですか？

ペースは俯瞰して調整する

以上のように、やってみて「忙しすぎる！」とカオスになってペースを調整したり、今度は「これでは、刺激がなさすぎる」と調整したり、本当に一進一退です。

調整をするには、自分の今のスタイルを俯瞰《ふかん》するのがとても大事です。

私は手帳のマンスリー部分でスケジュール管理をしているのですが、そのページを開き、今の自分がどんなワークライフスタイルのペースなのかを見ます。

そこでもっと余裕を持たせたいとか、もう少し充実させたいなど、スケジュールを見た時の自分の気持ちによって、「もっとこんなスケジュールだったらいい

筆者の起業1～10年目以降のスケジュールの変化の例

このころはどれだけ忙しくても
申し込みがあればお受けしていました

自宅サロンでの少人数起業
コンサルティング

	月	火	水	木	金	土	日
1～2年目	15:00 サロン予約	AM デスクワーク 14:00 ネイル	11:00 サロン予約 19:00 サロン予約	15:00 同行ショッピング	11:30 友人とランチ	10:00 サロン予約 15:00 同行ショッピング	10:00 サロン予約
4～5年目	11:00 英語教室	11:30 友人の家	19:00 個人コンサル	11:30 友人とランチ 19:00 個人コンサル	11:00 料理教室 15:30 ネイル	10:00 ～16:30 グループコンサル	イベント 開催
10年目以降	←→ 14:00 出版社打ち合わせ 19:00 ディナー	東京へ		10:00 オンライン ミーティング	11:30 友人とランチ 17:00 マツエク		14:00 セミナー 開催

好きなことで起業したい方への
個人コンサルティング

最近はZOOMを使っての
オンラインミーティングが多いです

著名な方の
講演会を主催

理想のスケジュールと年収を両方かなえる
筆者のプランニング例（起業2～3年目）

	月	火	水	木	金	土	日
1週目	勉強会	デスクワーク	デスクワーク Aセット	Bコース デパート下見	美容DAY	Aセット Bコース	休
2週目	デスクワーク	Cコース Aセット	デスクワーク 交流会	友人とランチ	Cコース Aセット	休	休

売り上げ目標　30万／月

Aセット　25000円×8名
Bコース　15000円×4名
Cコース　10000円×4名

2週間の目安

Aセット×4名
Bコース×2名
Cコース×2名

プランニングはわかりやすく、
2週間ごとでたてていました。

実際に書いて「これならいけそう♡」とワクワク思えるかが大事！

な♡」を「理想スケジュール」として、ノートに書いてもいいでしょう。

私の場合はビジネスをしていたので、**Aセットのメニューが月○本、セミナー月○本で、このワークライフスタイルを実現したら、月収○○円**というところまで落とし込んで考えていました。

そこがリンクしていないと、たとえ理想のワークライフスタイルでも全然収入がないので、逆にストレスが溜まります。

それをバランスよく自分の中でイメージするために、このワークはとても役立ちました。

たとえば、働く時間を減らすためなら、単品のメニューよりも、グループのメニューを増やしたほうがいいんだなとか、この単価では、一向に自分の理想には届かないから調整が必要、などが見えてきます。

起業5年目くらいからは、月や年間でざっくり考えるようにもしています。

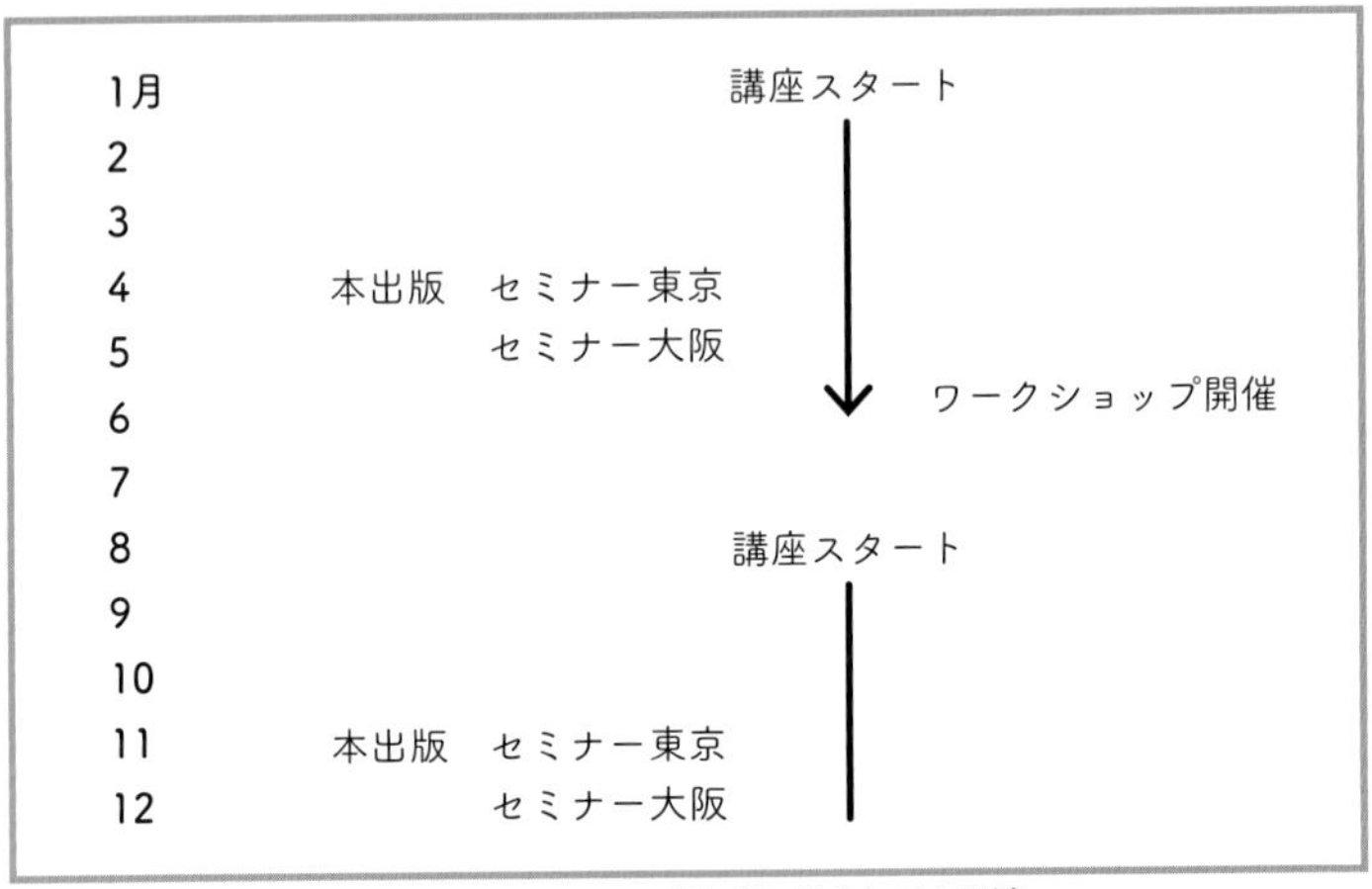

ホワイトボードの例（起業5年目以降）

　年間の理想の売り上げを決めて、どれだけやれば、達成するか考える。

　そこから、月に落とし込んでいきます。

　また、スタッフと共有できるようにオフィスのホワイトボードに1月から12月の枠を作って、どこでどんなセミナーをやり、どこから講座を走らせるのかをいつも考えました。

　みなさんも**「こんなワークライフスタイルだったら最高♡」とワクワクしながら書いていくのがオススメ**です！

ルールはゆるく

よくみなさんに、「手帳の書き方を教えてください」と聞かれたりしますが、私はこのようにマンスリー部分でスケジュール管理をしていて、後述する「予定を詰め込みすぎない」以外のルールは決めていません。

「手帳術」のような、びっしり自分の予定を立てて、そのとおりに実行していくものもありますし、それで夢をかなえている方もたくさんいますね。

ただ私の場合は、そういうのを聞くと「よさそう！　やりたい」と意気込んではじめるものの、3日坊主どころか1日坊主になってしまいそう。結局**「できなかったから、夢がかなわないかも……」と不安になりそうなので、最初からルールをゆるめに組んでいる**のです。

その代わり、月1回の新月の日にお願い事を書いているのと、書きとめておきたい気づきがあった時に、ウィークリー部分に日記のようなものを書き込んでいます。

予定は詰めすぎない

かつては予定を詰め込みすぎて手帳が真っ黒！　なんていう時代もありました。

あの頃は「スケジュールが空いていると不安」でしたが、予定を確認しては、息切れしそう……とも思っていました。

そんな経験から、今は**「手帳の余白」**を意識的に作るようにしています。

スケジュールに余裕を持たせるので、何か急なお誘いにも乗れますし、何より自分の気持ちにゆとりが持てます。

私は結構家でこもっているのが好きで、予定がない日が続いて人に会わなくても平気なたちなのですが、仲間の中には「絶対毎日出かけたい」「1日家にいるなんて、体調悪くなりそう」という人もいます。

ですから、書き出してみて、自分の「ちょうどいい」ペースを見つけるのがとても大切です。

平日は自由な日、土日はパートナーとの時間

私のワークライフスタイルは、おおまかに平日は自由な自分の時間、土日はパートナーとの時間で出来上がっています。

平日はパートナーも仕事がありますし、私はほとんど家にいて、週に数回、友人とランチに行ったり、オフィスに顔を出したりします。

特に予定がない平日は、目覚ましをかけず、起きた時間が私の「朝」。

起きてから数時間は自分で「朝」をカスタマイズし、自分を心地よくさせることに注力します。

心地よい風……起きたらすぐに窓を開けて深呼吸
心地よい音楽……ユーチューブでかけています。洋楽が多いです
心地よいマインド……朝、今考えていることや「こうだったらいいな、ワクワクする」などをノートに書き出し自分と対話。朝一のマインドがポジティブなエネルギーになるようにしています。

土日は、月数回、オンラインサロンのセミナーや講演などで家を空けることも。予定がなければ、パートナーと愛犬を連れて公園に行ったり、カフェに行ったりショッピングをしたりしています。彼が犬を飼いはじめてからは、犬中心の休日です。

土日はあまり仕事はせず、したとしてもブログやインスタグラムをあげるくらいで、オフモードです。

疲れた時は、自分流のストレッチを

Yoshimi流♡ストレッチ

好きな時に仕事をするには体調管理も重要。パソコン仕事で体が固まるので、私は仕事途中に、耳や首、肩などをストレッチしたりしています。

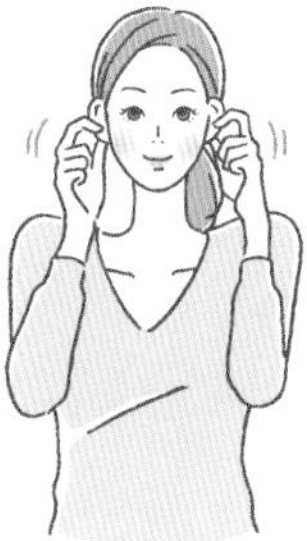

1 耳をもむ

2 首のすじ（胸鎖乳突筋）をもむ

3 首の横を伸ばす

4 肩をぐるぐる回す

風邪予防に毎日していること

私はとにかくよく風邪をひく子どもでした。

でも、代わりのきかない結婚式の司会者の仕事について、体調管理にすごく気を使うようになると、ウソみたいに風邪をひかなくなりました。

何をしたかというと、**帰宅後の手洗い・うがい**です。これを徹底的にやって、今ではやらないと、逆に気持ちが悪く感じるほどです。

ほんの数分外に出ただけ（たとえばコンビニにふらっと買い物に出る）でも、必ず「手洗いうがい」。これをするようになって、一度も仕事に穴を開けたことはありません。

3章
好きな場所で

私たちは、どこへでも行けるから、
行きたいところ、どこへでも行っちゃおう！
望みさえすれば、どこでだって仕事はできるんです。

デスクで、仕事へのやる気アップ♡

好きな場所で仕事ができたらモチベーションもグッとアップします。

場所のこだわりといえば、デスクです。デスク周りのオリジナルグッズも作っているほどです。

私のデスクは今、自宅の書斎とオフィスにありますが、どちらもＩＫＥＡのものを使っています。リーズナブルなのに天板が広いところがお気に入り。

私はたくさん原稿を書いているので、パソコンに向かっている時間が比較的長いです。ですから、その**環境をどれだけ自分の心地よいものにするかが重要**になってきます。

デスクには普段、パソコン、ペン、紙のノート、ｉＰｈｏｎｅ、飲み物を置いて仕事をしています。

海外製は日本製より天板が高いので、背が高い私にはフィットします。

オフィスデスク

自宅デスク

パソコンで仕事をしていても、やっぱり、ノートにペンでメモすることが出てくるし、そのメモしたノートを見ながら原稿を書くこともしばしば。ですから、すべて欠かせないアイテムです。

デスクの上には、自律神経を刺激して集中力を高めるアロマも常備。アロマストーンに2、3滴垂らして、すっきりとした香りの中で仕事をします。

そして、飲み物。

家では好きな紅茶をストックしておき、丁寧に淹れてお気に入りのカップで飲んでいます。少し集中力が切れたなと思ったら、スタバなどのカフェへお散歩。甘いラテを買って、そのままカフェで仕事をすることもあれば、テイクアウトして、書斎やオフィスで仕事することも。

そういうちょっとした工夫が、毎日を彩ってくれるのです。

これからも小さなこだわりをたくさん、自分のワークライフスタイルに散りばめたいです。心地よく楽しく働くために……。

部屋が狭い時のワークスペースの作り方

「そう言われても、いきなり自分の家にデスクのスペースは確保できない！」という方もいらっしゃいますよね。

私も昨年まで住んでいた家は、デスクを入れるスキマがなかったため、ダイニングテーブルの一角で仕事や書き物をしていました。でも、そこにもお気に入りのアイテムを散りばめて「マイデスク♡」としていました。

目の前にはパソコン、左手でノートを開き、右手にはペンと手帳、スマホとアロマ。そうやって自分のお気に入りのワークスペースを作るだけで、「仕事しよう！」という気持ちになります。**「マイデスクを作る◯種の神器♡」を用意しておく**と、やる気になれるのでオススメです。

カフェもマイオフィスに

考えが少し煮詰まった時や、「なんだか今日はやる気がわかない」と感じたら、場所を変えてカフェなどでも仕事をします。

バッグにパソコンやペン、手帳を入れて出発！　外の空気を吸うと頭もすっきりするのでオススメです。

私は**家の近くのお気に入りのカフェを、いくつかリストアップ**しています。すると「今日は、あそこが私のオフィス♡」なんて、ルンルンで仕事ができます。

いきなり「デスクを買う！」「オフィスを借りる！」としなくても、自分だけの「マイオフィス」「マイデスク」を作るのは簡単にできるのです。

私もそこから始めて、今では自宅に書斎を作ったり、オフィスを借りたりできました。

働く場所の4ステップ

ここで、私のワークスペースの変遷をご紹介しますので、参考にしてみてください。

ステップ①　起業当初……自宅リビングの一角

当時の自宅のリビングで、カラー診断や洋服のスタイリングアドバイスを開始。名古屋駅から乗り換えが必要な場所でしたが、東京から来てくださったりと、あの頃のお客さまには今でも感謝の気持ちでいっぱいです。

その後、当時通っていた名古屋駅にあるエステの一角を借りられることに！時間でお借りして、お客さまをお迎えしていました。

ステップ② 起業1年後……自分専用のサロンを借りる

起業して1年が経った頃、名古屋駅近くに自分専用のサロンを借りました！
すごく狭い部屋でしたが、自分のお城を持てたみたいでとても嬉しかったです。

ステップ③ 起業3年目……一人暮らしの部屋をサロンに

離婚を機に一人暮らしをはじめ、自宅兼サロンにしました。ステップ②で借りていたサロンはオフィスビルだったため、名古屋駅から近いマンションに引っ越したのです。その自宅兼サロンで5年間過ごし、いろいろ成長できました。

ステップ④ 起業7年目……オフィスを借りる

現在は、自宅の他にオフィスを借りています。自宅の書斎で執筆したり、事務作業をするのがほとんどですが、週に1回ほどオフィスに顔を出して、スタッフたちと打ち合わせなどをしています。

海外なんて遠いと思っていた

25歳くらいまでは1度も海外旅行経験のない、出不精な人間でした。
起業してからも、ずっとパスポートの有効期限が切れっぱなしでした。
海外旅行はすごくお金がかかる、遠くて大変……と、あきらめていたのです。

変わったのは、今のパートナーと出会ってから。
彼は、香港と日本で事業をしていて、私も年に数回、香港についていくようになったのです。

そうしたら、**日本から出ることは意外と簡単**だと気づきました。
今では年に数回、大好きなハワイやニューヨークに行く生活になっています。
以前の私からは想像もできない変化です。

日本以外にも「とても心地いいな」「もっとここにいたいな」と思える場所があるのも発見でした。

「自分の場所」は一つじゃなくてもいい。

今のホームである日本も大好きだし、ニューヨークもハワイも大好きで、勝手に「自分の場所」だと思っています。

そのうち、周りから「よしみさんといえば、ハワイだよね」「よしみさんは、よくニューヨークに行ってるよね」とも言われるようになり、より「自分の場所」感が強まるようになりました。

これは、私がこういう仕事をしているからできるのではなくて、「海外にたくさん行く」と決めた、多くの方が実現なさっています。もちろん、会社員の方もたくさん！

みなさん口を揃えて言うのが「行くと決めたら、できた」「休みって案外とれる」

です。

自分が「絶対に無理」と思っていたらできないけれど、「できそう」と一度やってみたら、たいしたことないのです。

もし、行きたい場所があるのなら、先延ばしにせず、行ってみてください。きっとあなたの世界が広がるはずです。

私が「世界へと飛び出した」ステップ

私の海外変遷を振り返ってみます。

ステップ①　２０１３年……「海外旅行に3回行く」が目標

海外旅行に興味はあるけど、プライオリティが低かった頃。なぜかその年のお正月、友人の家で書いた目標に「海外旅行に3回行く！　ワールドワイドになる」と書きました（パスポートの有効期限は切れているのに）。

3月に今のパートナーと付き合うことになり、7月にはじめて香港へ。そこからノートに「理想」として書いたとおり、その年3回香港に行きました（私のイメージでは、海外＝アメリカ・ヨーロッパだったので、香港に3回行くのは予想外だったのですが、書いたことが本当になった！　と驚きました）。

ステップ②　2015年……「ハワイに行く」と理想に書く

その年のノートには理想として、ちゃんと「ハワイに行く」と書きました。書いたらやっぱり願いがかない、彼とハワイ旅行に行けました！

実は、当初は海外旅行に自分のお金を使うのがなんだかもったいなく感じていたのです。旅行より、洋服とかバッグを買いたい……と。ところが、旅行の楽しさや、学びの深さを知ったら、「自分でお金を払っても旅行したい」と思えるようになったのです。

この年、香港には3回行きました。

ステップ③　２０１６年……「ゆるふわトリップ」を考えつく

理想に書くと、本当にそのとおりになるので驚くのですが、この年は一気に3回もハワイに行きました。彼以外にも、スタッフや友人たちとも。

この時に「ゆるふわトリップ」と命名した旅行の仕方があります。おおまかな場所と日程だけを決めて、現地集合・現地解散の旅行をするのです。自由度も上がるし、自分の時間もみんなとのワイワイした時間も味わえる。大人の旅行にはぴったりのスタイルです！

ステップ④　２０１７年……いよいよあこがれのニューヨークへ！

前の年に、ニューヨーク在住の読者の方から「ニューヨークでよしみさんのイベントをさせていただきたいのですが」と連絡をいただきました。そして、「キャリーになれるツアー」を、読者の方とニューヨークで開催したら楽しいかも！となり、決まったのです。そこから大好きになり、この年、ニューヨークへは春と秋、2回行きました。

ステップ⑤　2018年……2ヶ月に1回のペースで海外へ

私は好きな食べ物があると、そればっかり食べるたちなのですが、旅行もそればっかりで、この年はニューヨークに3回、ハワイに3回行きました。3回目のニューヨークでは、2週間滞在しました。

ステップ⑥　2019年……3週間のニューヨーク滞在に挑戦！

2019年は2018年ほどは旅行せず、結構日本にいましたが、3週間のニューヨーク滞在に挑戦してみました。

そうしたら「3週間は長い……」「早く日本に帰ってバリバリ仕事がしたい！」とフラストレーションがたまったので、私には2週間がベストだと気づきました。

海外旅行は私にチャレンジさせる機会

ニューヨークには友人がいるため、一人で行くこともありますが、「ニューヨークに一人で行く」なんて、昔の私からしたら怖すぎて考えもしませんでした。
でも、1度やってみたらできるし、「私、やれば結構なんでもできるじゃん」
という気持ちにさせてくれます。

海外旅行は私に**「チャレンジ」**させるいい機会です。
言語にしても、その土地勘にしても、わからないことだらけ。
その中で自分がどれくらいできるのか……。もちろん、できなさすぎてへこむ
こともありますが、「言葉が通じた！」「行きたい場所に行けた！」という達成感
はひとしおです。

小さな成功体験を自分にプレゼントする♡

それには海外旅行がうってつけです。

in New York

今日のオフィスは……と、ホテル周辺のカフェをパソコン抱えて探します。

ニューヨークで編集者さんたちと落ち合って新刊のブレストミーティング。

in Hawaii

ハワイでのデスクワークは、
部屋のデスクか、ラナイの
テーブル、もしくはプール
サイドで行います。

向かいに見えるダイヤモン
ドヘッド（火山）のパワー
で執筆が進む！　気がする
……。

自分が決めさえすれば、住む場所も変えられる

私のある友人は、大手メーカーの会社員で私と同じ30代後半。会社に10年以上勤めていたキャリアウーマンでした。

彼女が大好きなもの……それは「ハワイ！」。まとまった休みのたびに、ハワイで過ごします。

私も一緒にハワイに行ったことがあるのですが、その間ずっと「ハワイに住みたいな♡」と彼女。ハワイに行くと「ここに住みたい」とつぶやくのは、私を含め、ほとんどの人がやりがち。なので、私は「だよねー」と答えていただけですが、彼女のハワイ熱は日本に帰ってからも冷めませんでした。

そんなある日。

「この前、ハワイでの仕事を斡旋してるエージェント会社にアポを取って、話を聞いてきたの！」と、報告を受けました。

「これから就職する会社を決めて、ビザを取るまで面接とか審査とかたくさんあるけど、がんばる！」と。

それから1年経たないうちに、彼女はハワイに旅立っていきました。今は、もちろん毎日を満喫しています。

「仕事があるし、歳も歳だし……」

やりたいことがあっても、そんなふうに言い訳するのは誰でもできます。

でも、まずは本当に一歩でも半歩でも踏み出してみる。彼女も、エージェントの会社を探して、話を聞いてみた。その**小さな行動が夢をかなえた**のです。

最初は「ちょっと話を聞いてみよう」という、軽い一歩だったと言います。

どうやったらできるのかな？　それを探しているうちに、あれよあれよと実現するのはよくあります。

小さな扉を「これかな」「あれかな」ととりあえず開けていくと、「あれ、これ、まだ先に扉がある!!」というような、理想に続く扉が見つかったりするものです。

私もいつかは、日本とニューヨークとハワイのトリプルライフができたらなーなんて、夢見ています。

そのためにビザのことを調べたりとか、物件を見てみたりとか、「理想の先取り♡」で、自分にできることをすでにやっています。

もし、その**理想が途中で変わったとしても、行動したことで情報が増えるし、損はないので、自分の「こうしたい」に素直に従って、軽やかに行動する**のはとってもオススメです！

4章
好きなだけ❤

好きなことを好きだけする♡
そうするとエネルギーがあふれ出す。
少なくやる時もあれば、たくさんやる時もあって、
それも自由♡
ビュッフェみたいに選んでいこう。

「素」には敵わない

「素敵」は、「素」に「敵わない」と書きます。

やっぱり、**「素」＝「本当の自分」に敵うものはない。**

「素晴らしい」にも「素」が入っていますが、本当の自分が一番、素晴らしく素敵ということですね。

「好きなことだと、自然とエネルギーが出る」

「自分に好きなことをする許可を出す」

そんな話を私がすると、

「そんな許可は出せません」というお声をよくいただきます。

最初は難しいですよね。

好きなことを好きなだけするなんて、甘い。そんなの悪いこと……そんなふうに思って人生を生きてきた方もいらっしゃるかもしれません。

そういう時こそ、自分のノートやこの本のワークページを開き、自分の「好き」と向き合いましょう。でないと、自分の「好き」がまた、かき消されてしまいます。

丁寧に自分の「好き」をすくってあげてください。

そして、「好き」を書き出していったら、それを一つひとつ味わいましょう。

紅茶を飲む、犬と遊ぶ、友人とおしゃべりする、本を読む、ゆっくりお風呂に浸かる……など、自分を甘やかしてあげましょう。

小さなことから意識的に「好き」を許可すると、仕事や大きな人生の選択も「好き」に許可を出せるようになります。

人の〝好き〟を認められないと、自分の〝好き〟も認められない

そして、とても大事なのは、**自分の好きだけではなく、他の人が「好き」なことをするのも認めてあげる。それが、「好き」をかなえて「本当の自分」に戻る一番の近道**かもしれません。

「好きなことなんて、しちゃダメだ」と思っているから、誰かが好きなことをしてるのをずるいとか、うまくいくはずがないと感じる。

それでは、自分が好きなことをすることも、難しくなります。だって、自分自身がダメだと思っているのですから。

だから、自分の〝好き〟も他の人の〝好き〟も認めて許す。それが、あなたの世界を〝好き〟でいっぱいにする方法です。

人は他人の失敗になんか興味ない

「○○のせいで、できない」
「私は○○だから、無理」

そんなふうに、いろんなことをあきらめる。一見、他者や環境のせいで、自分のやりたいことをあきらめているようですが、これもすべて自分の選択なんです。**「何かのせいにしてあきらめる」ことを選ぶのも自分次第**だから。

自分のやりたいことを選ぶのが怖い方もいらっしゃるかもしれません。

何も選ばずに言い訳していれば、何かのせいにできるけど、自分のやりたいことを選ぶと、失敗した時に全部自分の責任になってしまうから……。

それに、うまくいかなかった時に、他の人にばれたら恥ずかしい……。

私も最初、そう思っていました。でもね、人は他人にそんなに興味ないんです。私が、何をしていようが、何を失敗していようが、全然見ていない（笑）。

だからもっと、チャレンジしていいし、失敗していい。


とても自分に興味のある方がたまたま見ていたとして、「あの、前やっていたやつ、やめたの？」と聞いてきたら、「うん、今は違うことやってるよ」と今興味のあることを伝えればいい。

私も実際、最初に「洋服を選ぶ仕事するんだ！」と高らかに友人たちに宣言し、モニターにもなってもらい、はじめたにもかかわらず、数年後には別の仕事にシフトしました。が、その後、「あの仕事どうなの？　うまくいっているの？」と根掘り葉掘りきいてくる友人は全然いませんでした（笑）。

だからこそ、**「結果」や「他人の目」を気にするのではなくて、大事なのは「本当の自分の気持ち」**。

一つのことに失敗しても、続ければただの過程だし、違うことをはじめても「前の経験を糧《かて》に新しいことをしているんだな」と思われる。

「今」に集中していれば、「失敗」を意識することも、周りから言われることもなくなります。

自分のやりたいことは、たまに考えているだけでは、その他の日々の悩みなどにかき消されていきます。自分の「これがやりたい」「こうなりたい」は、多くの思考の中でも特別♡

特別なものとして、ちゃんと、ノートやワークページ（5章）に書き出すことが重要です。

好きなことも腹8分目

「好きなことで起業したはずなのに、毎日忙しすぎて苦しくって……」

というお声をいただくことも少なくありません。

でも、食べ物もそうですが、好きなものはたくさん食べられるけれど、食べすぎたら胃もたれして苦しいし、飽きる！（笑）

だから、**好きなことであっても、ちゃんと「腹8分」がとても大事**。

「やりすぎて苦しい！　カオスだー！」から、自分の「ちょうどいい」に調整していくのがオススメです。

「ちょうどいい」を目指しながら少しずつやると、結果が出るのもゆっくりになります。

ですから、「早く結果がほしい！」「すぐに未来を変えたい！」という方は、ドバーッとエネルギーを出し、たくさん行動してみて、その後「だめだ！　忙しすぎる！」となったら、少し減らして、しっくりくる量に調整しましょう。

私も、それを繰り返しています。

好きなことを、「好きなだけ」たくさんやるのも、少なくやるのも自由ですが、自分にとっての「腹8分目」にしましょう。

アクセル言葉は未来を変える魔法

「でも、○○だし……」
「でも、私なんかじゃ……」

かなえたい理想があっても、「でも……」で、その前向きな思いをかき消してしまう……そんなふうに自分でブレーキをかけていたら、意味がありません。

ブレーキになってしまう言葉を使ってしまったら、「違った違った、できるできる」と、アクセルになる言葉を言ってみてください。

言葉には「言霊《ことだま》」があり、物事を実現させるエネルギーがあります。

ブレーキ言葉（自分の行動にブレーキをかける言葉）

・でも……
・やっぱり無理かも
・私なんて

アクセル言葉（自分の行動を加速させる言葉）

・できるできる！
・私なら大丈夫
・楽しすぎる！

私はこのアクセル言葉を日常でたくさん使っています。だから、いつも理想に向かって、一直線です！

もちろん「もう、ダメかも」なんて、弱気になることもあります。そんな時は、なぜ、そう思うのかをノートに書き出して、「本当はどうなってほしいの？」と自分に問い直し、本当に望む未来をワクワクしながらまた書いていきます。
そうすると、心が落ち着いて、またやる気がムクムクとわいてくるのです。

やる気がわいてきたらこっちのもの！
アクセル言葉を自分にかけてあげて、あとは行動するのみ♡
これが、**未来を変える魔法**です。

「もうダメかも！」と思った時のワーク

「もうダメかも」はあなたにブレーキをかけてしまう言葉。心を落ち着けるために、なぜそう思うのかを書き出して。

1 「もうダメかも」と思った瞬間となぜそう思ったかを書き出してみましょう

2 本当はどうなりたいかを書き出してみましょう

「可愛いままで働ける♡」に嫌悪感？

たくさん稼ぐなら、キャリアウーマンにならなきゃ、男性に勝たなきゃ！
そんなふうに思う方もいらっしゃるかもしれません。
私の読者にも、そうやって働き、心身ともに疲弊した方がいらっしゃいました。

彼女はそれまで、

・認められるためにがんばる
・大変なことをがんばってこそ自分に価値がある
・人以上にがんばらないとほしいものは手に入らない
・夢なんてかなわない
・毎日、足りないところを数えて反省する

・苦労して手に入れたものは、誰かにあげたくない。私だって苦労したんだから、あなたも苦労して手に入れるべき

・休んだら、置いていかれる。無価値な人間になる

と、本気で思いながらキャリアウーマンの道を進んできたそうです。

その部署の営業成績の80％は彼女が作り出し、部下もたくさんいました。

「私ががんばっているのだから、みんなももっとがんばるべき!!」

と、自分にも他人にも圧をかけてがんばっていたら……突然、営業に向かう中、道の真ん中で一歩も足が動かなくなってしまったのです。

「好き」を優先しても何も失わない

きっと「もう限界だよ」と「本当の彼女（＝魂）」が教えてくれたのでしょう。

そんな時に友人に勧められて私の著書『可愛いままで年収1000万円』を読んでくれたのですが、「は？　可愛いままで？　私は可愛くなんていていたら仕事の

成果が出せないとがんばってきたのに!!　ふざけてる!!」と嫌悪感しかなかったそう。

でも、猛烈にうらやましかった、と言います。

もし、そんなふうに、ゆるく、楽しく、自分の好きなことで、仕事ができて稼げるのなら……それが本当に可能なら……私だってそうしたい――。

そして、彼女は何もかもなくす覚悟で会社を辞めたそうです。

辞めたら努力は水の泡になるし、後輩からも認められなくなる。がんばっている私をすごいと思ってくれている友達は失望し、お金もなくなるだろう。でも、もう続けられない……と。

その後、彼女は1年まったく働かず**「自分を喜ばすことだけ」に集中**して過ごしたそうです。

そうしたら……、**「何も、なくならなかったです」**と彼女。

努力は次に生かせるし、辞めた後のほうが後輩と仲がよくなった。

友達は変わらないし、お金も変なことで使わないから、減らない。

彼女は、1年間の「人生の休暇」を取る中で、心から「やりたいこと」を見つけて、その仕事をはじめています。

「よしみさんの言っていた、なんで好きかもわからないけど、好きなことってこういうことなんですね」と彼女は言っていました。

「なぜ好きか」わからないものはありますか？

私は「ビジネス」が好きで、いつもそのことを考えているし、「なんでそんなに好きなの？」と言われても、理由はわかりません。

でも、それをやればやるほどイキイキする。それ自体が、1章でご紹介した**〝魂ピカ〟**です。

彼女も、

『仕事は苦しいもの、がんばらないと価値がない』って思っていたけれど、やっていて全然苦しくないし、むしろやればやるほど元気がみなぎってくる!!」と語り、キラキラと輝いていました。

彼女のように、現状が不満だけど、理想もよくわからない……。そんな方は、1章でも少し触れましたが、**とにかく目の前の現実を満たす**ことからはじめてみてください。

もちろん、彼女のように会社を辞める決断までは難しいかもしれません。でも、「休みを取って旅行に行く」「休みの日は自分の好きなことしかしない」「夜の時間にたっぷり自分を甘やかす」など、「本当の自分」がしたいことにちゃんと目を向けてください。

それを一つひとつ「自分自身」がかなえていけば、自分が満たされ、自分が本当にしたいことがわかるようになります。

「この世はバーチャルゲーム」と思えばラクになる

「好きなことを好きな時に好きな場所で好きなだけ♡」

これをこまめに実践していると、「好きなことばかりの夢のような世界」は自分でつくれるという確信に変わります。

そして、どんどんミラクルが起こりはじめるのです。

会いたい人と会えたり、素敵な彼ができたり、妊娠したり、結婚したり、収入が増えたり、仕事がすごくうまくいくようになったりなど、たくさんのご報告をいただきます。

自分だけが楽しくて、本当に大丈夫かなと思ったりしますが、その楽しい、嬉しい気持ちが、周りへ、そして未来へと広がります。そして、さらに楽しい、嬉しいと感じられる現実がやってくるのです。

「現実」は、自分の「感情」が発信機となって作られるからです。

私はよく、**「現実に左右されない思考を持つことが大事」**とお伝えしています。

たとえば「お金がない」現実があったとします。その現実に影響されて「お金がない、お金がない！」と、ずっと苦しさや欠乏感を感じていると、その感情がさらなるお金がない現実を作り出すのです。

この世は魂の「修行」ではなくて「旅行」

私がとても感銘を受けた、『喜びから人生を生きる』（アニータ・ムアジャーニ著／ナチュラルスピリット）という、インド人女性が自身の臨死体験を綴った本があります。

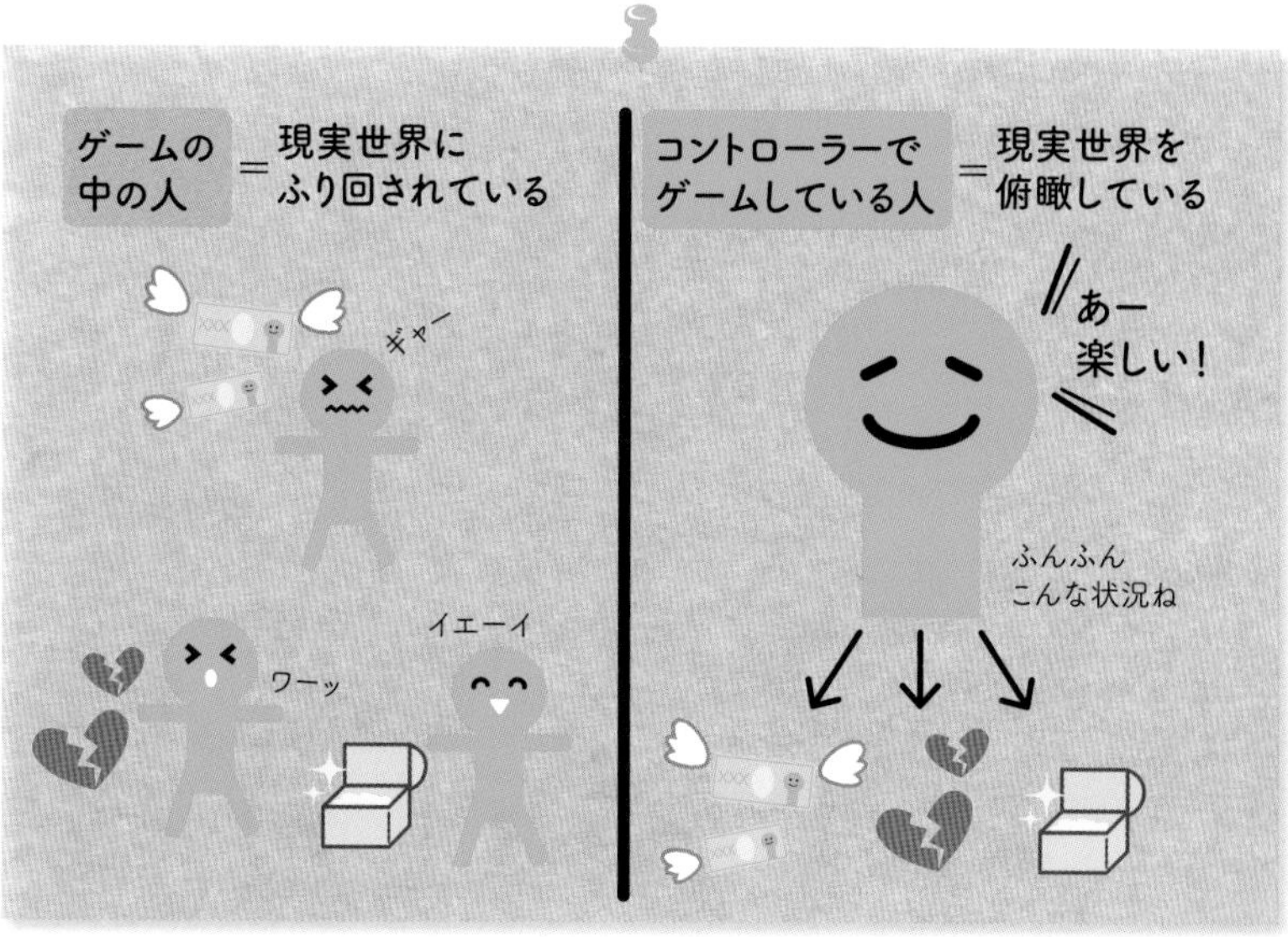

彼女は若くして末期ガンにおかされ、一度「死」を経験します。自分の肉体から魂が抜けた時、彼女は「夢から醒めた」と感じたそうです。

そう、「今、みんなが生きていることの世が夢」で、「あの世こそが本当の現実」だとはっきり感じたのです。

スピリチュアルな世界では、よく「この世は魂の〝修行〟だ」と言われます。

その考え方ともよく似ていますが、魂だけの世界から、ちょっと〝旅行〟に来ているのが、「この世」なのだと、私もその本で確信しました。

強く感じたのは、**現世は「壮大なロールプレイングゲーム」**だということ。

この世はゲームで、自分の人生は自分でコントロールできると思っている人は、現実で大変なことが起きてもしょせんゲームなので穏やかです。そして、自分の「感情」でゲームの世界が作り出されると知っているので、いつも自分の感情をコントロールできれば、望みどおりのゲームを楽しめます。

一方、ゲームの中にどっぷりハマっている人は、現実に感情が影響されてばかりなので、「いいことがないから、気分が害される！」と思い続けます。すると、感情が自分の世界を作るので、「嫌なこと」が現実として現れるのです。

「この世はしょせんバーチャルゲーム」ととらえ、ハマりすぎるのではなく、少し俯瞰する感覚でいると、自分の思考や感情に振り回されにくくなります。

自分のペースで働ける！

私がいつもデザインをお願いしているデザイナーのHさん。彼女はもともと大きなデザイン会社で働いていたそうです。

でも、かなりの忙しさに体調を崩してしまい、会社を辞めました。

そして、少し療養した後、「これから仕事どうしよう」と考えます。そこで2つの選択肢が出てきました。

・またどこかデザイン会社を探してデザイナーを続ける
・デザイナーをあきらめて、もう少しゆるやかに働ける職種を探す

彼女は迷いました。もう激務は体が持たないし、でもデザインの仕事は好き。

そんな時偶然、フリーランスのデザイナーを支援している方に出会い、「フリーでデザイナーを続けたら？」と、新たな選択肢を提案されたそうです。

彼女は「そういう働き方もあるんだ！」とハッとし、フリーランスで無理せず続ける道を選択。

今では、好きなことを好きなだけできる、売れっ子デザイナーさんになっています。

好きを選ぶことは、本当の自分を認めること

自分の好きを選び続ける……それは**自分で自分を認めること**です。

先日テレビを見ていたら、私の父親世代の方で「女装」をして街を歩いている人が登場。その方は格好が奇抜だったので、テレビに取材されて、その後ご家族のインタビューなどもはじまっていきました。奥さまも最初はびっくりしたけれ

ど、今は、一緒に女性ものの洋服を買いに行って楽しむほど認めていらっしゃるそうです。

その男性はおっしゃっていました。

「最初は、いわゆる〝おじさん服〟を着ていた。でも、どんどん気分が暗くなっていって。女性ものの明るい洋服を着たら、気持ちが晴れやかになって、その気持ちに従ったら、どんどん服装が派手になっていった」と。

一緒に工場の仕事をされている彼の息子さん（30代）も出ていましたが、「大人になっても好きなことができる姿を見せてもらえて、自分も好きなことしようと思える」と語っていました。

「好き」を選ぶことは、他の人に否定されたり、周りから批判される場合もあるので、とても怖かったりもします。でも、それを選ばないと、自分の心がどんどん暗くなり、魂が曇っている状態になってしまう。

だから、誰になんと言われようと、自分は自分の好きなものを選んでいく。

「自分の好きなもの」は「自分自身」と同じ。

それを本人が否定して、「認めない！」と押さえ込んでしまうなんて、そんなに悲しいことはありませんよね。

自分だけは、自分の味方でありたい。

いつもそんなふうに思っています。

他人や世間は、「私」を満たさない

自分を認めず、自分が満たされていないと心が疲弊していきます。

自分の心がコップだとして、それが空の状態だと、エネルギーを出そうとしても、どんどん枯渇するからです。

「苦しい……でも、がんばらなければ……認められなければ!!」

と、思っている時のコップは、きっとカラカラの状態でしょう。

こんな時、コップを満たせるのは、他人や世間だと思う人がとても多いのです。

評価や結果、いい反応……これが満たしてくれると勘違いしているから、コップはいつまでもカラカラのまま。

自分を本当の意味で満たせるのは自分だけです。

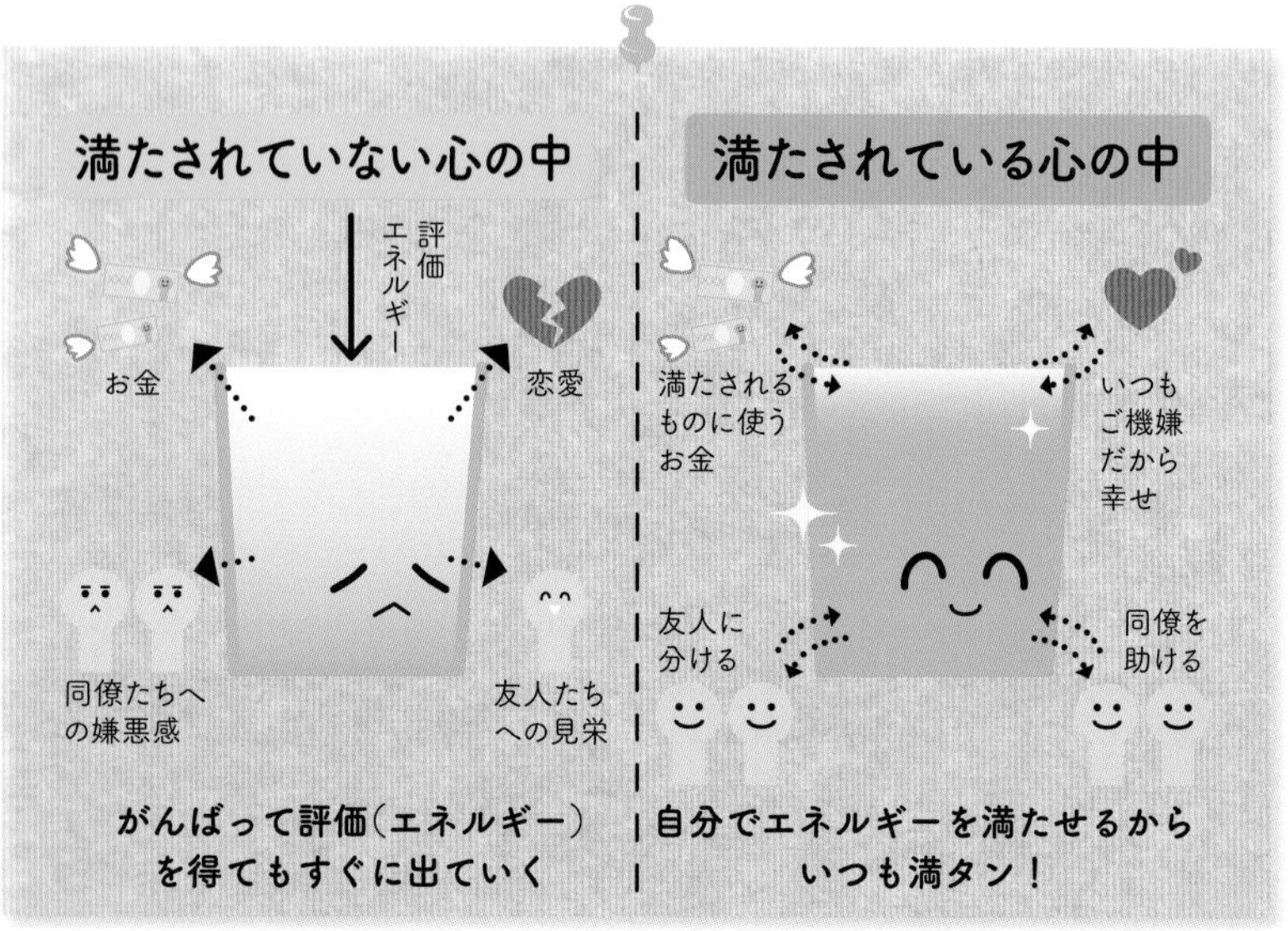

もちろん結果が出たり、誰かに認められると嬉しいので、その分、コップにエネルギーは一時的に入ります。でも、その「嬉しさ」を味わうために、また苦しみながらエネルギーを出していては、いつまでたってもコップは満たされません。

そして、心が満たされないので、ストレス発散でお金を使ったり、無理にがんばって入れたエネルギーは人と分け合いたくないので、損得感情ばかりが働き、人間関係もギスギスしてしまいます。

そして、愛してほしい、認めてほ

しい、評価してほしい……と、誰かや世間に見返りを求めて行動する。思いどおりの答えが返ってきた時は、一瞬心が満たされますが、思った答えが返ってこないと、また落胆し疲弊してしまう。

人や世間は自分ではないから、期待に応えてくれなくて当然です。でも、それすらわからなくなってイライラしてしまう。

そして、また誰かに認められなきゃ、いい顔をしなきゃ、愛されなきゃとがんばってしまい、疲れてまたイライラしていると、いろんなことがうまくいかなくなって悪循環になります。

まずは一度、自分に集中して、魂ピカを強化し、自分でコップを「喜び」「楽しさ」「好き」「心地よい」など、愛のエネルギーで満タンにしましょう。

美味しいランチをする、季節の花を観る、お風呂にゆっくり浸かるなど、自分が「いい気持ち」になれば、小さいことでもどんどん満たされます。

愛のエネルギーが満タンのサイン

・いつもご機嫌でいられる
・人の行動が気にならなくなる
・イライラしなくなる
・いつも満たされた気持ちで幸せを感じる
・自分のことが大好きになる

宝くじより確実な方法

満たされている状態だと、人にも幸せを分けたくなるし、もっともっとエネルギーを出したくなる。

苦しくてしょうがないから出そう、見返りを求めて出そうではなくて、惜しみなく出せる。そして、出しても元気でいられます。

さらに、満たされた状態ではエネルギーをドバーッと出せるので、その分、たくさんのエネルギーがまた入ってきます。入ってくるエネルギーは幸運だったり、人脈だったり、お金だったりします。この世にあるものはすべてエネルギー体なので、自分の今のエネルギー状態にあったものを出せば出すほど、循環します。

そうやって、エネルギーが出す量も入ってくる量もちょっとずつ多くなっていくと、器であるコップの大きさがちょっとずつそれに合わせて大きくなるのです。そう、私たちの心の器はガラスやプラスチック製ではなく、伸び縮みします。

急に人気が出たり、宝くじが当たったりする人が、「一発屋」と言われたり、散財してすっからかんになるのは伸縮が間に合わないため。

器以上のエネルギーが急に入ってきたために、ショートしている状態なのです。

本当の意味で豊かになりたいのなら、一攫千金を狙うのではなく、自分で自分を満たす。その状態でエネルギーを出し、エネルギーを受け取りながら、器を大きくしていく。そして、より多くのエネルギーを循環させるのです。

「お金がない」と不安になったら

心のコップがカラカラの状態でお金を使うと、コップを満たすための散財なので、すぐにすっからかんになります。

ですから、**「お金がない」と思っていたら、自分自身を満たすことがやっぱり大事**です。

私も自分で好きなことをするようになって、お金の使い方が変わりました。毎日、楽しいので、心が満たされていて、先にも書きましたが、「使えない」「これしか買えない」と、「ない」にフォーカスするのではなく、「これが買えた」「あれも買えた♡」と、「ある」にフォーカスできるようになったのです。

先述した会社を辞めた女性も、会社員時代はエステに行ったり外食したり、満たされない心を埋めようと散財して、いつもお金がなかったと言っていました。

でも、会社を辞めて、自分の「嬉しいこと」「楽しいこと」を意識して自分を満たしたら、食生活も整って、お肌もきれいになりエステに行く必要がなくなった。ストレス解消にお酒を飲んだり、買い物したりもなくなったそうです。

満たされた状態で、本当にほしいもの、心がウキッとするもの、幸せを感じるものにお金を使っていく……。

それが、**「可愛いお金持ち」の必須ルール**です。

自分で自分を満たすことが本当の意味でできると、未来への不安がなくなっていきます。

なぜなら、未来が来てもまた、その時に自分で自分を満たすことができると思えるから。自分のこれからの人生を、心から信頼できるのです。

自分で心のコップを満たせることがわかれば、永久にコップを満タンにできます。

まずは、今**「自分を満たす……自分自身を喜ばせて、楽しませて、〝魂ピカ〟する」**をしてみてください。

その繰り返しで、心穏やかに輝く未来を作っていけます。

10年前、「あなたならできるよ」とは一切言われなかった

これまでにも書いてきたとおり、私は本当に〝普通〟のOLでした。

高校時代からの友人が、今の私の会社のスタッフに会った時も、「今のよしみちゃんだけ見ると『よしみさんだから、できたんでしょ』って思うかもしれないけど、本当に本当に普通だったからね」と言ったほど。

そうなのです。学生時代の友人で、「よしみは将来何かやると思ってた！」と言う人は一人もいません。

大学も出ていないし、資格も自動車の普通免許しかないし、人脈もない。「起業する」視点では、もしかしたら〝普通〟にも達していなかったもしれません。

大好きなファッションを仕事にしようと表明した10年前も、「よしみちゃんならできるよ！」と言ってくれた人は誰もいませんでした。それどころか――

・そんなの仕事になるの？
・それ、どういうこと？
・そうやって、夢見る時あるよねー
・そんな、甘いことを……

今思えば「よくあきらめなかったな」と感じる言葉をたくさん言われました。

ワクワクすることを、ただコツコツやっただけ

でも、私には、失うものなんて何もなかったし、「絶対成功しなきゃ！」という野望めいたものもなくて、ただただやってみたかった。うまくいくかなんて、誰にもわかりません。数ヶ月後には「失敗だった」と思うかもしれない。

でも、**「好きなことを仕事にする」**。

そんなワクワクする体験を自分にさせてみた。

「がんばっている」という気すらしていなくて、起業して半年くらい経った時でしょうか、お客さまに自分のしていることを話したら、

「すごい……見えないところでたくさんやっているんですね……」

と言われて、

「そうなのか、私、すごいと思われるくらい、やっているんだ」

と思ったこともありました。

「とにかくやる」と思いついたことは全部やりました。

いろんな人に会いに行き、寝る間を惜しんでブログを書いて、ひたすら仕事のことを考えました。不安で、焦って、寂しくて……泣きたくなることももちろんあったけれど、ただただ「〝楽しい〟〝好き〟を仕事にしてたい」——そう思っていたからやれたのです。

いつからでも人生は変えられる

この本を読んだだけで人生が変えられるとは、もちろん言いません。

でも、私の本を読んで「自分にもできるかも」と思い、小さなことからどんどん行動に移し、人生を変えていった人たちがたくさんいます。

いつの日も、**自分の人生を決めるのは、自分自身の「思考」と「行動」**なのです。

いつかチャンスが来て、いつか環境が整ったら……と「待ち」の姿勢はもうおしまい。

さあ、自分の新たな人生の扉を開けましょう。

5章

４ステップのワークページで「理想をかなえる♥」

夢をかなえるには、やってみることが大事！

どんな小さな一歩でも、やがては理想へとつながるから。

「理想」と「行動」を書き出して、未来を変えましょう。

そのための特別なワークページをみなさんにプレゼント！

私が理想をかなえ続けた最強のワークページ！

4章まで、私のこれまでのステップをご紹介してきました。

お金、場所、仕事、SNS、人間関係……どれもゼロから「こんなふうになったらいいな」という理想を設定して、着実に前進していった感じです。

「現状に不満を感じているけれど、なかなか現実が変わらない！」

こんなふうに、あきらめている方も少なくないかもしれません。

そんな方にオススメなのは……、

やっぱり**「行動」**です！

「行動」と言うと、なんだか固く感じてしまいますが、要は、**「とりあえず、やってみる♡」**ということ。

これで、未来を大きく変えていきます。

自分の「理想」と「やってみる♡」を書き出そう！

ではここで、実際にみなさんも、各カテゴリーに合わせて、「理想」と「やってみる♡」をワークページやノートに書き出してみましょう！

1．「現在の状態」を書き込む

204ページ以降のワークの①には、まず現状を書きます。本書で書いた私のステップ①ですね。

現状把握って、実はすごく大事です。理想に気持ちが行きすぎて、現状を見て見ないふりをしたり、現状から逃げたくなることもありますが、今がどんな状態かを常に把握しておく。それこそが、「理想の未来」を作り出していくカギです。

2.「理想の未来」を書き込む

④には遠慮なく、「こうなったら最高！」という未来を書きましょう。

「今の自分にはこんなものかな」「こんなことを望んだらあつかましいよね」なんて気持ちは不要。自分の未来に「遠慮」は一切いらないのです。自分が一番しっくりきて、考えるだけでワクワクする未来を！

①を書く時の「現実を冷静に見る目」と、④の「未来をワクワク想像する心」のバランスはとても大事です。

現実を冷静に見すぎて落胆し、未来が楽しく描けないのもいけませんし、現実を見ないようにして未来のワクワクばかり追いかけているのも、ちょっと違う。

私の彼の亡くなった父親は経営者だったのですが、いつも**「現実は顕微鏡で、未来は望遠鏡で見る」**と、息子たちに伝えていたそうです。

どちらもしっかりと見据えていきましょう。

3.「今できること」を書き込む

②にはいよいよ、「やってみる♡」を書いていきます。

未来に向けて「今これができる！」ということを、思いつく限り書きましょう。大層なことを書く必要はありません。もし、テーマがSNSだったとしたら「インスタのアカウントを開設する」とか「興味のある人を100人フォローしてみる」などでいいのです。今できる自分の「行動」をたくさん考えて、アイデアを出せる力がとても重要です。

未来が変わらない人は「行動できていない」という共通点があります。

その根本にあるのは、「何をしたらいいのかわからない」という思い。これを打破するには**「今、自分に何ができるのか」を常に考える力をつけておく**のが大事！

どんどん〝やれること〟を出していきましょう!!

4．行動した結果の「予想できる未来」を書き込む

最後は、②の行動をした時に見えるであろう景色、わりと近くの、でも今とは少し違う未来を③に書いていきましょう。

少し行動するだけで、未来が変わっていきます。テーマが「ＳＮＳ」で、行動が「インスタのアカウントを開設する」だとしたら「フォロワーが１００人になった！」とか、『いつも投稿見てます』とコメントがつくようになった！」といった、〝予想できる未来〟です。

こちらも「こんな未来が３ヶ月後、半年後に待っていたら、すごくワクワクするな？」と、楽しく書くのがコツです。

そして、③に書いたことが現実になってきたら、新しいワークページを書きます。今度は③を①として、④で未来を遠慮なく描いて、②の行動を書き出し、③を再設定するのです！

現実が変わっていくと、「最高の未来」もどんどんと変わっていきます。

もちろん、毎回変わらなくても大丈夫です。

でも、常に「私の理想の未来は？」と自分に問いかけることは大事ですし、未来をワクワク考えている時はとても気分がいいので、私は月に2〜3回は自分の「理想の未来」を思うままに書きました。

理想は新たに設定し直す時もあるし、前と同じ理想をワクワクとノートに書く時も、もちろんあります。

書いたことを通して、自分が今求めているものを明確に知ることができます。

私は2週間に1回ほど、前のページをパラパラと見返しています。


次ページ以降に、「理想をスルスルとかなえられる4ステップシート」をテーマ別に何種類も載せました。

これは私が実際に理想をかなえていった方法をワークに落とし込んだものです。

全体的な理想はもちろん、テーマ別にもたくさんの4ステップを設定して、とんでもない理想をどんどん現実にしてください。

お金の４ステップ

①現在

②今できること

③予想できる未来

④理想の未来

③まで行ったら③を①にして、このワークをくり返す。

お金の４ステップ（筆者の過去の例）

1 現在

いつも「お金がない」と言っている。買いたいものが買えない。

2 今できること

好きなことを仕事にする。買えないものにフォーカスではなく、買えたものにフォーカスする。

3 予想できる未来

好きなことが仕事になり、心が満たされる。好きなことで30万くらい稼げるようになり、その中でほしいものを買えるのでとても満たされるようになった！

4 理想の未来

年収1000万円！　買いたいものが買える生活！

働く場所の４ステップ

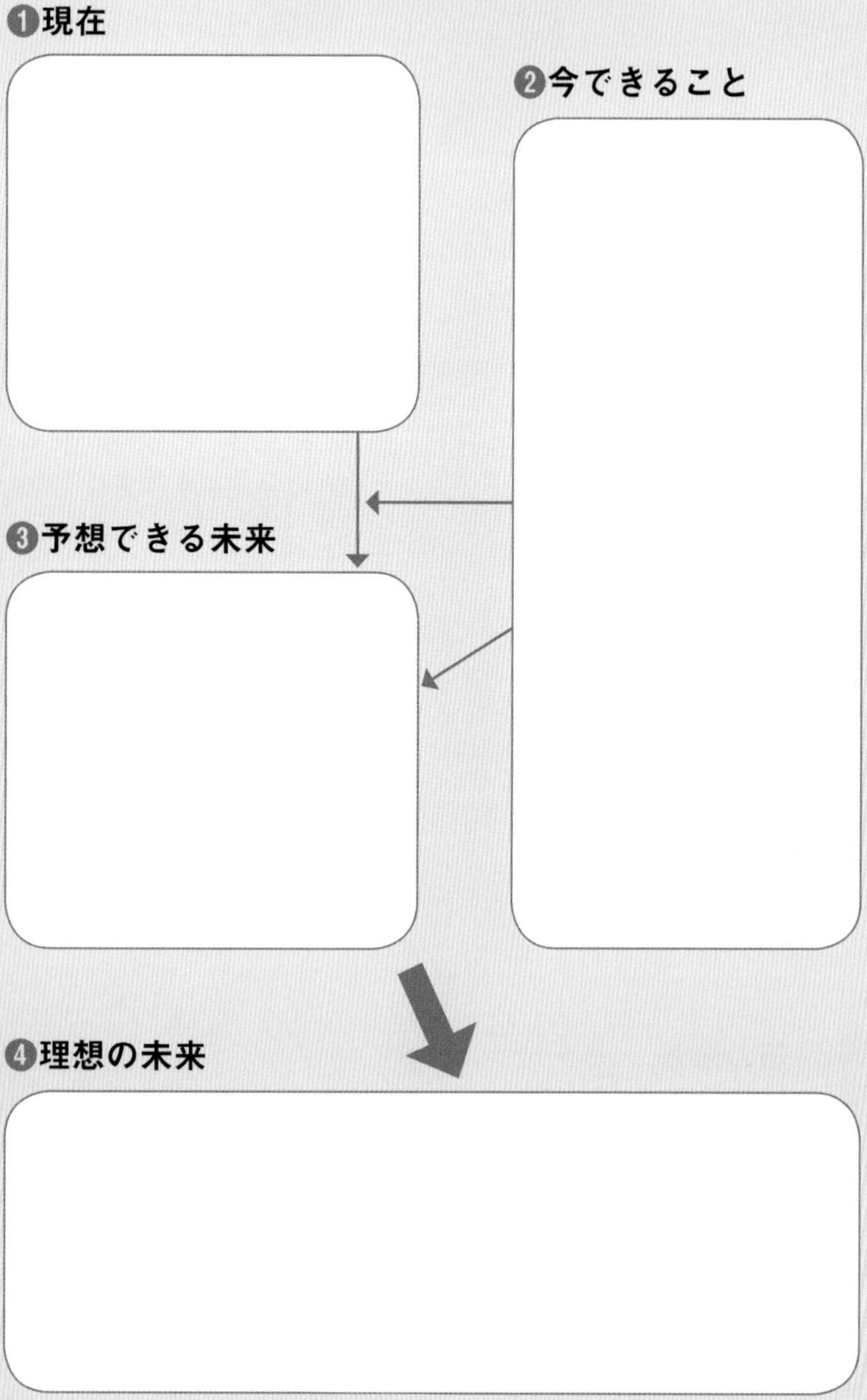

❸まで行ったら❸を❶にして、このワークをくり返す。

働く場所の４ステップ（筆者の過去の例）

❶現在

どこを自分のサロンにしようか迷っている状態。自宅でもいいけど、お客さまに来ていただくのには不便な場所。

❷今できること

とりあえず自宅リビングでプレオープン。周りの人に「こういうサロンをやろうと思ってる」と話して、場所を探していることを伝えておく。

❸予想できる未来

通っているエステの方が「うちのサロンは広いし、一角を使っていいですよ」と貸してくれることに。名古屋駅前にサロンを持てた！

❹理想の未来

自分のお城のようなサロンがほしい!!

仕事の４ステップ

①現在

②今できること

③予想できる未来

④理想の未来

③まで行ったら③を①にして、このワークをくり返す。

SNSの４ステップ

①現在

②今できること

③予想できる未来

④理想の未来

③まで行ったら③を①にして、このワークをくり返す。

人間関係の４ステップ

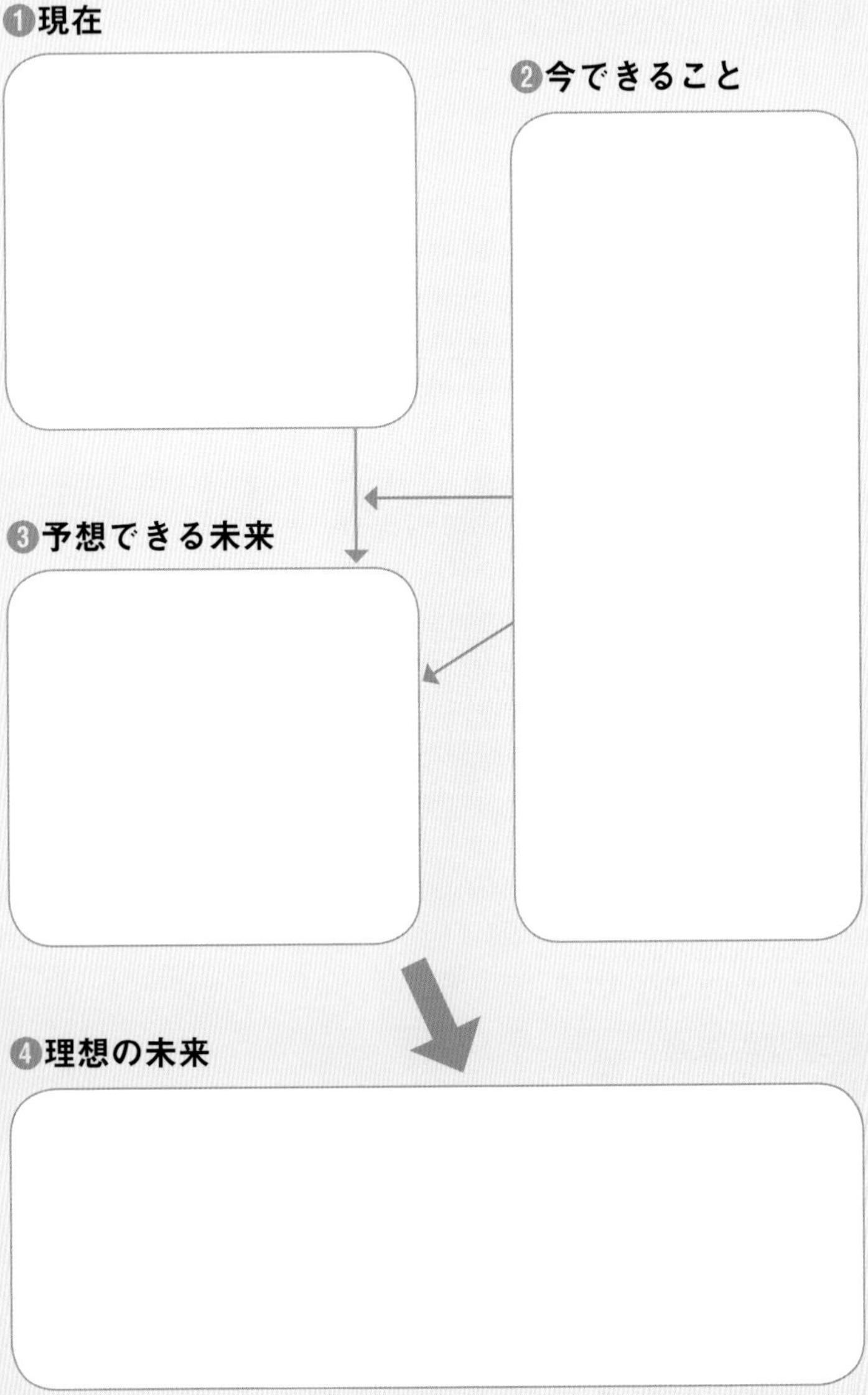

❸まで行ったら❸を❶にして、このワークをくり返す。

恋愛の4ステップ

❶現在

❷今できること

❸予想できる未来

❹理想の未来

❸まで行ったら❸を❶にして、このワークをくり返す。

「　　　　　　　　　　　　」の４ステップ

※あなたのかなえたいテーマで自由に書いてください。

❶現在

❷今できること

❸予想できる未来

❹理想の未来

❸まで行ったら❸を❶にして、このワークをくり返す。

「　　　　　　　　　　　　」の4ステップ

※あなたのかなえたいテーマで自由に書いてください。

❶現在

❷今できること

❸予想できる未来

❹理想の未来

❸まで行ったら❸を❶にして、このワークをくり返す。

「　　　　　　　　　　　」の４ステップ

※あなたのかなえたいテーマで自由に書いてください。

❶現在

❷今できること

❸予想できる未来

❹理想の未来

❸まで行ったら❸を❶にして、このワークをくり返す。

「　　　　　　　　　　　　」の４ステップ

※あなたのかなえたいテーマで自由に書いてください。

❶現在

❷今できること

❸予想できる未来

❹理想の未来

❸まで行ったら❸を❶にして、このワークをくり返す。

Yoshimi's album

3

1

2

in Japan

4

5

6

1 スタッフとの時間はいつも笑いでいっぱい。**2** 撮影中に、画像をチェック。**3** ペットと泊まれるホテルへ。**4** オンラインサロン「クラブヨシミスト」の少人数セミナー。**5** 美容機器を頑張って使っています。左からナノスチーマー、電気バリブラシ、美顔器。**6** 講演会、いつもたくさんの方がご来場くださり、私のほうがパワーをいただいています。

12

11

7

in NewYork

8

in Hawaii

13

9

10

7魂が震えるから、ブロードウェイミュージカルはたくさん見ます！**9**ミュージカル「クリスマススペクタキュラー」。**10**ニューヨークで最も人通りが多いというタイムズスクエア。**11**（以下の写真はハワイ）特別な夜は老舗レストラン・ラメールで。**12**ぷあぷあ主婦のマイちゃんとは、ハワイに行くたびに会います。**13**ハワイ旅行の半分くらいはパートナーと。

8ホテルの部屋でホッとひと息。

〝自信〟があふれ出るようになる、とっておきのステップとは？

最後まで読んでいただきありがとうございました。

今回の本では、みなさんからいただくご質問の中で一番多い、「どうやって、どのような段階を踏んで、ここまで来たの？」について、細かく書かせていただきました。

私はもともと、学歴もないし、資格もない、カリスマでもないし、秀でた才能があったわけでもありません。

30歳で離婚して、自宅サロンとなる新しいマンションの鍵をもらって、その部屋で1人になったあの日。

「ここから、がんばろう」と何もない部屋で決意しました。起業3年目でしたが、収入はやっぱり不安定。

「いつまで家賃を払い続けられるだろうか」

不安な気持ちをいつも抱えながらも、やりたいことに夢中になって駆け抜けてきました。

そんな日々が、今**「何があっても大丈夫♡」「私はゼロから作り上げられる」**という思いになり、自分への自信につながっています。

今ももちろん、未来の保証があるわけではありません。

でも、「自信」という字のとおり、「自分」を「信じる」力は、これまでの経験が自然と作り上げてくれました。

「何か保証があるから大丈夫」「結果がこう出るだろうから大丈夫」

ではなく、

「私は、何もなくても、自分で作り出せるし生み出せるから大丈夫♡」

という、自信!!

だから、「自信がありません」を〝やらない理由〟にあげるのは無しです!

それは、あとからついてくるものだから。


そして、自分の「好き」に正直に目の前のことを楽しんでいると、確信する時が来ます。

ああ、私は自分で自分を楽しませられるんだ――。


「自信がない」がステップ1だとしたら、「自分で自分を楽しませられる」が、ステップ2です!!

「今度は、どんなことで自分を楽しませるんだろう」と、どんどんアイデアを出していってください。

そうして、「自分自身」を「信じる力」＝「自信」を手に入れたなら、

あなたは最強です♡

これからたくさんのステップを踏んで、たくさんの理想を現実にしていってください。

それは、今は想像もできないようなとんでもない現実です！

私もいつも好きな場所で、自分も小さなステップをまだまだ繰り返しながら、みなさんを応援しています。

みなさんのステップと、現実になった理想、本の感想などを知りたいので、ぜひ、ハッシュタグ「#宮本佳実」をつけていただき、インスタやツイッターで発信してくださいね。実際に、拝見しに行きます♡

この軽やかなステップが、多くの人に広がり、たくさんの方が思いどおりの人生を歩めますように!!

願いを込めて。

宮本佳実

宮本 佳実（みやもと・よしみ）

1981年生まれ、愛知県出身。

高校卒業後、アパレル販売員、一般企業ＯＬ、司会者を経験。

28歳で起業を決心し、パーソナルスタイリストとなる。名古屋で主宰する「女性のためのスタイリングサロン ビューティリア」は全国からお客様が来店するサロンに成長。その経験から「好きなことで起業」の楽しさを多くの人に伝えたいとコンサルティング活動を開始。

現在は、スタイリングサロン、コンサルティング業務は組織化し、自身はワークライフスタイリストとして「可愛いままで起業できる！」「好きなことを好きな時に好きな場所で好きなだけ」をコンセプトに執筆や講演活動を行う。　女性らしく自分らしく、幸せと豊かさを手に入れられる新しい働き方や生き方（＝ワークライフスタイル）を発信している。著書に『可愛いままで年収1000万円』『思考デトックス』（ともにＷＡＶＥ出版）など。

デザイン　太田玄絵
撮影　嶺倉崇／Mario Suzuki／金原真璃子
フォトスタイリング　Haruna Minami
ストレッチイラスト　竹内舞
校正　長田あき子
編集協力　大西華子
DTP　三協美術
編集　江波戸裕子

好きなことを好きな時に
好きな場所で好きなだけ♡

2020年6月19日　第1版第1刷

著　者　宮本佳実
発行者　後藤高志
発行所　株式会社 廣済堂出版
〒101-0052
東京都千代田区神田小川町2-3-13 M&Cビル7F
電　話　03-6703-0964（編集）
03-6703-0962（販売）
ＦＡＸ　03-6703-0963（販売）
振　替　00180-0-164137
ＵＲＬ　https://www.kosaido-pub.co.jp

印刷所
製本所　株式会社 廣済堂

ISBN 978-4-331-52285-1 C0095